마법의 두루마리 ①

석기 시대로 떨어진 아이들

글 강무홍 | 그림 이정강
감수 배기동

햇살과나무꾼

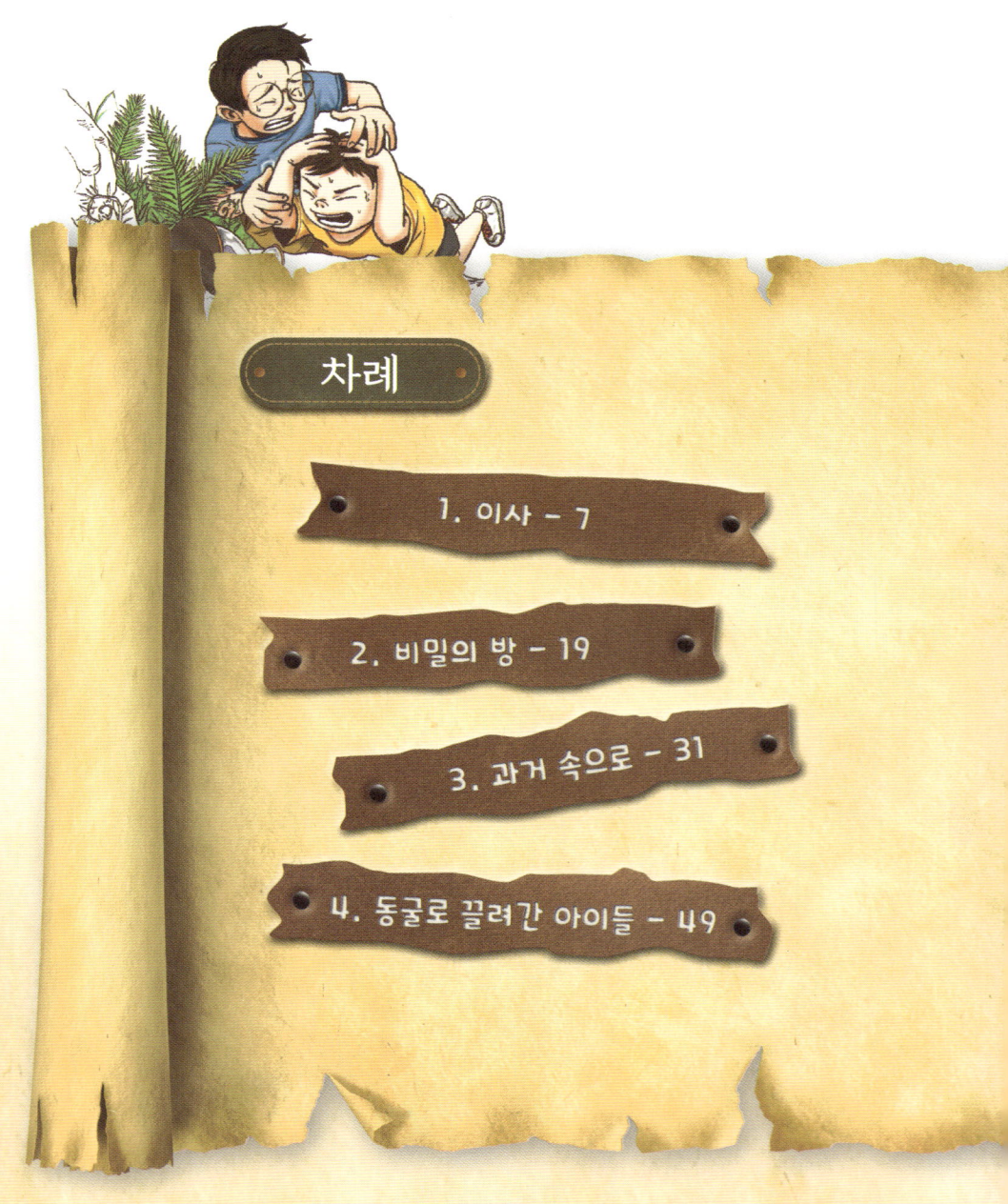

차례

1. 이사 – 7
2. 비밀의 방 – 19
3. 과거 속으로 – 31
4. 동굴로 끌려간 아이들 – 49

석기 시대로 떨어진 아이들

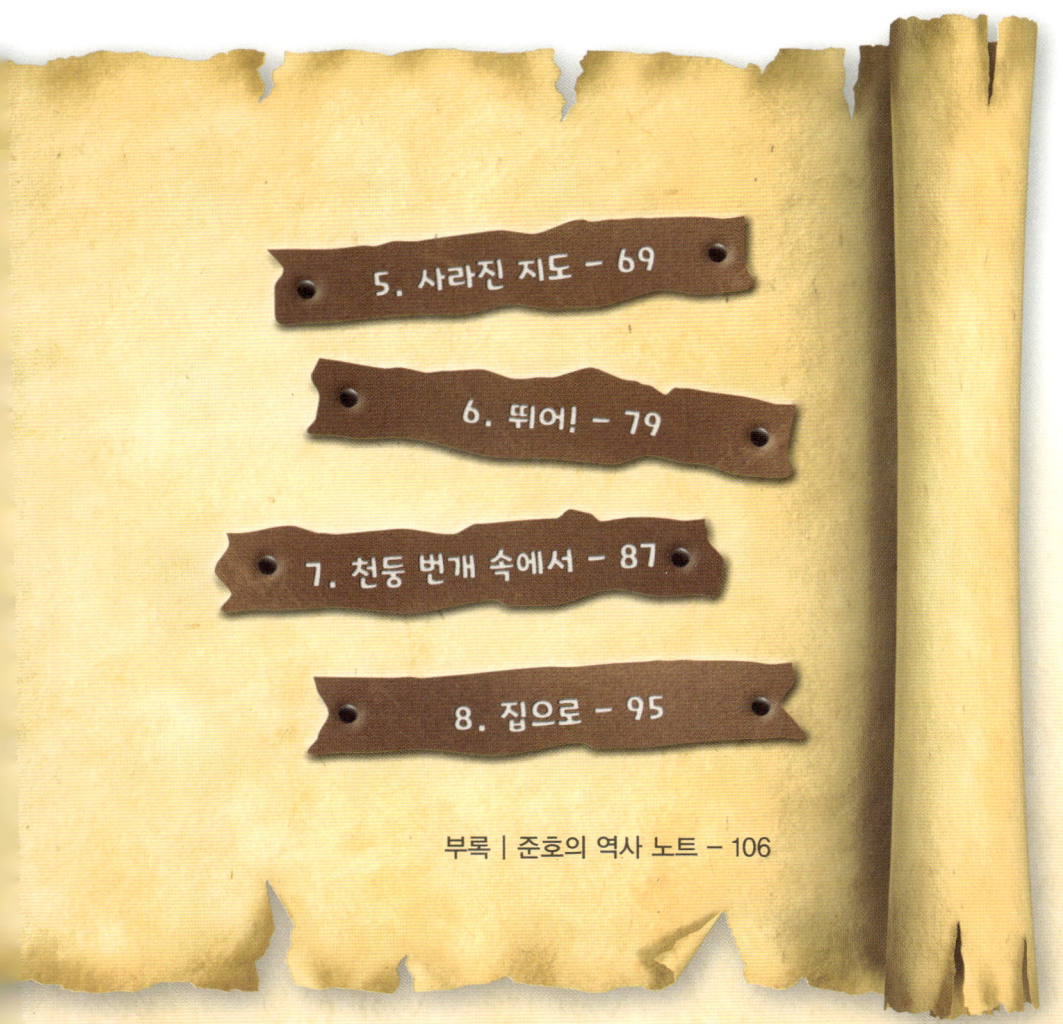

5. 사라진 지도 - 69

6. 뛰어! - 79

7. 천둥 번개 속에서 - 87

8. 집으로 - 95

부록 | 준호의 역사 노트 - 106

1. 이사

"어휴, 완전히 찜통이야, 찜통!"

달리는 차 안에서 민호가 씩씩대며 투덜거렸다. 가뜩이나 서울에서 경주로 이사를 오게 되어 화가 나서 죽겠는데 날씨까지 푹푹 쪘다. 하지만 엄마는 에어컨을 켤 생각조차 하지 않았다. 지구가 더워질수록 더욱더 환경을 생각해야 한다면서. 창문을 열어 놓았는데도 땀이 줄줄 흘렀다.

"그래도 경주엔 박물관도 많고 유적지도 많잖아. 난 좋은데, 뭘 그래. 이제 그만 투덜거려."

형인 준호가 말했지만 민호는 좀처럼 마음이 풀리지 않

앉다.

'쳇, 박물관은 형이나 좋지!'

엄마가 뒷거울로 아이들을 힐끗 보며 말했다.

"민호야. 저기 미루나무랑 푸른 산 좀 봐. 하늘도 어쩜 저렇게 파랗니? 공기도 맑고. 보기만 해도 마음이 탁 트이는 것 같지 않아?"

민호는 "어휴우……!" 하고 고개를 돌렸다. 더워 죽겠는데, 마음이 트이긴 뭐가 트인다는 걸까. 대꾸해 봤자 엄마가 할 말은 뻔했다.

얼마 뒤, 차는 커다란 강다리를 건너 미루나무가 서 있는 마을 길로 접어들었다. 차창 너머로 강물 소리인지 나뭇잎 소리인지 모를 소리가 차르르르 하고 들려왔다. 준호는 창밖으로 고개를 빼고 지나가는 풍경을 돌아보았다. 강둑의 미루나무가 길 위에 기다란 그림자를 드리운 채 이제 막 마을로 들어오는 자동차를 내려다보고 있는 것 같았다.

이내 자동차는 뽀얀 흙먼지를 일으키며 초록빛 대문 앞에 섰다. 준호와 민호는 얼른 창밖을 보았다. 반쯤 열려 있는 대문 너머로 잡초가 우거진 마당과 허름한 잿빛 건물이 얼핏 보였다.

차에서 내리자마자 민호는 펄쩍 뛰었다.

"뭐야, 이게 우리 집이야?"

민호는 "맙소사!" 하고 그 자리에 털썩 주저앉았다.

준호도 내색은 하지 않았지만 몹시 실망스러웠다. 마당도 제법 넓고 집도 별로 낡은 건 아니었지만, 지금까지 서울의 말쑥한 집에서만 살아온 준호와 민호의 눈에는 형편없는 집처럼 보였다. 오랫동안 사람이 살지 않았던 집으로 이사를 가게 될 거란 얘기는 들었다. 그래도 설마 이 정도라곤 상상도 못했다. 게다가 마당에는 온갖 풀들이 멋대로 우거져 있고, 거뭇한 기와지붕 위로 주변의 높다란 나뭇가지들이 무성하게 뻗어 있었다.

"오랫동안 내버려 둬서 그래. 이제부터 치우고 가꾸면 금방 말끔해질 거야."

엄마 말에 준호와 민호는 실망스러운 얼굴로 집을 바라보았다.

"자, 어서 들어가자. 안에 들어가 보면 괜찮을 거야."

엄마가 아이들의 등을 살며시 떠밀었다.

준호와 민호는 억지로 끌려가듯 느릿느릿 걸음을 뗐다. 잡초가 귀신처럼 우거진 마당을 지나 금방이라도 귀신이 튀어나올 것만 같은 음산한 집 안으로.

엄마 말로는 이사 오기 전에 대충 치워 놓았다고 했다. 하지만 오랫동안 비어 있었던 탓에 온 집 안에 퀴퀴한 냄새가 나고 여름인데도 서늘한 기운이 감돌았다.

준호와 민호는 몹시 못마땅한 눈길로 천장과 마룻바닥을 쓰윽 훑어보았다. 그 순간 두 아이의 등 뒤로 검은 그림자가 어리더니 뭔가가 바닥으로 툭 떨어졌다.

"헉!"

준호는 무심코 비명을 지르며 펄쩍 뛰었다. 민호도 깜짝 놀라 "악!" 하고 엄마 품으로 달려들었다. 마루 벽에 걸려 있던 비단 족자가 못이 빠지면서 바닥으로 떨어진 것이다.

준호와 민호는 가슴을 쓸어내렸다.

"후유……!"

"나 원 참, 호들갑 좀 그만 떨고 차에 있는 짐이나 날라!"

엄마가 어이가 없다는 듯 말하자 준호와 민호는 시무룩하게 고개를 숙이고 밖으로 나왔다.

"서울로 다시 갔으면 좋겠다⋯⋯."

민호가 마당의 잡초들 사이에 있는 그루터기에 털썩 주저앉으며 투덜거렸다. 준호도 맥이 빠져 짐을 나를 생각도 않고 곁에 끼어 앉으며 "나도." 하고 중얼거렸다.

고고학자인 아빠가 경주 박물관으로 전근을 오는 바람에 어쩔 수 없이 경주의 작은 마을로 이사를 오기는 했지만, 사실 준호도 별로 이사를 오고 싶진 않았다. 하지만 엄마가 얘기를 꺼냈을 때 차마 반대할 수 없었다. 민호가 덮어놓고 불평을 늘어놓는 터에 자기마저 반대하면 엄마 아빠가 너무 난처해질 것 같았기 때문이다.

준호는 서울에 두고 온 정든 집과 친구들 생각이 간절했다. 붙임성이 없어 친구 사귀기가 쉽지 않은 준호는 4학년이 되고 한 학기가 다 끝나갈 무렵에서야 새 친구들과 막 친해지던 참이었다.

더구나 긴 여름 방학 동안, 갈 데도 없고 친구도 없는 이런 시골구석에서 도대체 뭘 하면서 지낼 수 있을까? 잡초가 무성하게 자란 마당과 낡아 빠진 집, 여기저기 멋없이 서 있는 나무들, 사방을 둘러봐도 온통 논과 밭뿐인 이 심심한 곳에서……!

 준호는 무심코 한숨을 내쉬었다. 그 순간 풀숲 사이로 뭔가가 보였다.

 누군가의 다리였다.

 고개를 들자 길게 자란 잡초 덤불 속에서 둘을 빤히 쳐다보고 서 있는 여자아이의 모습이 보였다. 뺨이 오동통하고 눈이 초롱초롱한 여자아이로, 키도 몸집도 딱 민호만 했다.

 "넌 누구야?"

 민호가 놀라서 묻자 여자아이가 눈을 동그랗게 뜨고 다가왔다.

 "너네, 이 집에 새로 이사 왔어?"

민호가 떨떠름하게 대꾸했다.

"쳇, 보면 모르냐? 넌 누구냐니까? 이 동네 살아?"

하지만 여자아이는 그 말에는 대꾸도 않고 손가락으로 준호와 민호네 집을 가리키며 물었다.

"그럼 이 집에 얽힌 비밀도 모르겠네?"

그 말에 민호도, 준호도 귀가 솔깃했다.

"뭐, 비밀? 무슨 비밀?"

민호가 묻자 여자아이가 바투 다가와 속삭이듯 말했다.

"이 집에 살던 할아버지가 어느 날 갑자기 사라졌다는 거 말이야."

"뭐?"

"사라졌다고?"

준호와 민호는 눈이 휘둥그레졌다.

여자아이는 두 아이가 놀라는 모습을 보고는 더욱더 소리를 낮추었다.

"응. 어느 날 갑자기! 그 뒤로 이 집엔 지금까지 아무도 살지 않았어."

준호와 민호는 침을 꿀꺽 삼켰다.

"빵! 빵!"

그때 정적을 깨는 경적 소리가 울리자 아이들은 흠칫 놀라 소리가 나는 쪽으로 고개를 돌렸다. 대문 앞에 트럭이 와 있었다. 드디어 이삿짐이 도착한 것이다.

"준호야, 민호야!"

트럭에서 아빠가 소리쳐 부르자, 준호와 민호는 "아빠!" 하고 소리치며 트럭 쪽으로 달려갔다.

트럭에서 두꺼운 안경을 낀 아저씨가 활짝 웃으며 내리고 있었다. '저 아저씨가 아빠인가 보군.' 여자아이는 눈을 반짝이며 트럭 주위를 살폈다.

잠시 뒤 준호가 뒤돌아보았을 때, 여자아이는 이미 사라지고 없었다.

2. 비밀의 방

"준호야, 이 작은 상자들 좀 지하실에 갖다 놓아라."

아빠가 이삿짐을 정리하다가 수건으로 땀을 훔치며 말했다. 아빠 얼굴에서 땀이 비 오듯 쏟아지고 있었다.

준호는 자기도 모르게 움찔했다.

"지, 지하실에요?"

준호가 머뭇거리자 아빠는 별 싱거운 녀석을 다 본다는 듯이 싱긋 웃었다.

"그래, 지하실에. 현관으로 나가서 오른쪽 모퉁이를 돌면, 지하실로 내려가는 계단이 있을 거야. 얼른 갖다 놓고 와."

준호는 걱정스러운 얼굴로 현관 쪽을 보았다. 어쩐지 꺼림칙했다. 아까 여자아이가 한 말이 생각나서만이 아니었다. 이 집은 겉모습도 그렇고, 퀴퀴한 냄새며 음습한 기운도 그렇고, 볼수록 불길한 느낌이 들었다. 그런데 지하실이라고……? 준호는 차마 입이 떨어지지 않았다.

"나도 갈래!"

호기심 많은 민호는 '지하실'이라는 말에 귀가 솔깃한 모양이었다. 민호가 같이 가겠다고 하자 준호도 마지못해 고개를 끄덕였다. 2학년짜리 동생에게 겁쟁이로 보일 순 없었다. 어쨌든 둘이라면 무슨 일이 생기더라도 덜 무서울 것 같았다.

"좋아, 가자!"

준호는 민호와 함께 자리에서 일어나 상자를 집어 들었다.

"지하실에 짐이 많으니까, 다치지 않게 조심해!"

현관을 나서는 두 아이의 등 뒤로 아빠가 소리쳤다.

아빠 말대로 현관에서 오른쪽 모퉁이를 끼고 돌자 지하실로 내려가는 계단이 보였다. 준호와 민호는 상자를 안고 그늘진 벽을 따라 나 있는 계단을 조심스레 내려갔다. 이내 계단 끝에 이르자 나무 문 하나가 보였다.

민호가 냉큼 그 앞으로 달려갔다.

"형, 이게 지하실 문인가 보다. 들어가 보자!"

그리고는 왈칵 문을 열었다. 그러자 지하실의 습기와 냉기가 와락 달려들었다.

"우아, 여긴 되게 시원하다!"

민호는 신이 나서 지하실로 들어가 입구에 상자를 내려놓고 안으로 뛰어갔다. 준호는 무서움을 달래려고 상자를 꽉 부둥켜안으며 조심스레 안으로 들어갔다.

멀리 왼쪽에 있는 작은 뙤창으로 희뿌연 빛이 들이치고 있었지만, 지하실은 전체적으로 어둡고 서늘했다. 그 서늘한 공기와 퀴퀴한 냄새가 준호는 으스스하게 느껴졌다. 준호는 눈을 크게 뜨고 지하실의 어둠 속으로 한 발, 한 발 들여놓았다.

지하실에는 종이 상자들이 잔뜩 쌓여 있고 안쪽 벽을 따라 책들이 높이 쌓여 있었다. 민호는 어느새 책이 쌓여 있는 지하실 안쪽 벽 앞까지 가서 부산스레 두리번거리고 있었다.

"우아, 형, 이게 다 뭘까?"

그 순간 책들이 와르르 무너져 내렸다.

민호가 준호 쪽으로 돌아서면서 쌓여 있던 책들을 건드린 것이다.

"아야!"

민호가 비명을 지르며 팔짝팔짝 뛰었다.

"괜찮아?"

지금까지 문간에서 쭈뼛거리던 준호는 그제야 상자를 팽개치고 달려왔다. 민호는 책 모서리에 발등이 조금 찍힌 모양이었다. 하지만 다행히 크게 다치지는 않은 것 같았다.

민호는 원망스러운 눈초리로 쓰러진 책 쪽을 바라보았다. 그 순간 민호의 눈이 날카롭게 빛났다.
"형, 저기 좀 봐!"
민호는 아픈 것도 잊고 소리쳤다.
준호는 고개를 들고 민호가 가리키는 곳을 보았다. 책들

이 무너진 자리에 햇빛이 들이치며 뭔가 이상한 것이 보였다. 거무스름한 벽과는 다른, 희끄무레한 낡은 나무 문 같은 것이 검푸른 어스름 속에서 우두커니 있었다.

"그냥 벽인 줄 알았는데, 문이 있네?"

준호도 이상했다. 벽이 쭉 이어져 있는 곳에 갑자기 나무 문이라니.

준호는 바닥에 쓰러진 책들을 피해 조심스레 그 앞으로 가 보았다. 몹시 오래된 문인 듯 나뭇결이 갈라지고 허옇게 빛이 바랬는데, 문 허리에 놋쇠로 된 용머리 모양의 손잡이가 달려 있고 그 아래 작은 빗장이 있었다.

준호는 빗장을 풀고 살며시 문을 밀어 보았다.

끼익.

뜻밖에도 쉽게 문이 열렸다.

"우아!"

민호가 소리치자 준호는 쉿 하고 손가락을 입에 갖다 댔다.

안에는 놀랍게도 작은 골방 같은 것이 있었다. 사방이 벽으로 막혀 있어 빛이 들어올 만한 곳이 전혀 없는데도 이상하게 별로 어둡지 않았다.

"형, 저게 뭐지? 저기 벽에……."

준호는 눈을 부릅뜨고 벽을 노려보았다. 정면 벽에 책장 같은 것이 가로로 길게 늘어서 있었는데, 거기에 둥근 막대기 같은 것이 잔뜩 쌓여 있었다. 자세히 보니 그것은 막대기가 아니라 두루마리들로, 오랫동안 사람의 손길이 닿지 않은 듯 그 위에 먼지가 뽀얗게 쌓여 있었다.
"세상에, 여기에 이런 데가 있다니……!"
준호는 무심코 소리쳤다.

그사이에 민호가 호기심을 못 참고 두루마리 하나를 집어 들었다. 그 바람에 두루마리에 쌓여 있던 먼지가 날려 둘은 동시에 재채기를 하고 말았다.

"어휴, 이 먼지 좀 봐. 아주 오래된 건가 보다."

민호가 두루마리를 만지작거리며 말하자 준호는 정색을 했다.

"야, 어서 제자리에 놔둬. 누구 건 줄도 모르면서 함부로 만지면 어떡해?"

하지만 민호는 호기심에 찬 눈으로 두루마리를 요리조리 살펴보았다. 두루마리는 몹시 부들부들하고 길이가 20~30센티미터쯤 되고 제법 묵직했다. 아주 귀한 것인 듯 비단실을 여러 겹 꼬아 만든 끈으로 기품 있게 묶여 있었다.

은은한 향내와 부드러운 촉감, 고상하면서도 고풍스러운 분위기.

준호는 그 우아하고 예스러운 자태에 빠져 잠시 무서움

도 잊었다. 역사광인 준호는 옛것에 관심이 많았다. 준호는 두루마리를 가만히 내려다보며 요리조리 살펴보았다.

"이건 아무래도 옛날 물건 같아. 조선 시대나 고려 시대 물건 말이야. 두루마리에다 비단 끈으로 묶여 있잖아. 요즘은 아무도 이런 걸 쓰지 않는데."

민호가 흥분해서 소리쳤다.

"우아! 그럼, 이거 골동품이네? 〈진품명품〉 같은 텔레비전 프로그램에 나오는 물건들처럼!"

그러고는 우하하하 웃으며 두루마리에 묶여 있던 비단 끈을 휙 풀었다. 준호가 미처 말릴 새도 없이 순식간에 벌어진 일이었다.

"아, 안 돼……!"

준호가 소리쳤지만 이미 늦었다.

민호가 끈을 푸는 순간, 두루마리는 마치 살아 있는 생물처럼 꿈틀하더니 민호의 손에서 쑤욱 빠져나가 허공으로 두둥실 떠올랐다. 순식간에 주위가 푸르스름해지더니,

허공에 떠 있던 두루마리가 저절로 펼쳐지기 시작했다. 그러고는 한순간 눈이 멀 듯한 푸른빛이 번쩍였다.

그와 동시에 준호와 민호는 "으아아아악!" 비명을 지르며 그 방에서 사라지고 말았다.

이제 지하의 이상한 골방에는 낡은 책장과 먼지에 싸인 두루마리들만이 어둠 속에 우두커니 놓여 있었다.

3. 과거 속으로

준호와 민호는 어리둥절한 눈으로 주위를 둘러보았다. 사방에서 햇빛이 눈부시게 쏟아지고 있었다. 주위에는 잎사귀가 커다란 식물들이 울창하게 자라나 있고, 군데군데 물이 고인 진흙 땅 위로 울퉁불퉁한 바위들이 튀어나와 있었다. 바위 너머에 온통 초록 이끼로 뒤덮인 커다란 나무가 거인처럼 우뚝 서 있었고, 멀리 푸른 들판에는 사슴들이 뛰어다니는가 하면, 물소처럼 생긴 덩치 큰 짐승이 물가로 어슬렁어슬렁 걸어가고 있었다.

"도대체 어떻게 된 거야? 여기 어디지?"

준호는 어안이 벙벙한 듯 눈을 끔벅이며 중얼거렸다. 조금 전까지만 해도 어두컴컴한 지하실 방에 있었는데, 느닷없이 햇빛이 비치는 열대의 들판 같은 곳에 와 있는 것이다.

하지만 민호는 눈앞에 펼쳐진 광경에 흥분해서 어쩔 줄 몰랐다.

"이야, 저 코뿔소 좀 봐. 굉장하다! 꼭 아프리카에 온 것 같다, 형!"

준호도 신기해서 잠시 입을 벌리고 뿔이 두 개 달린 커다란 코뿔소를 바라보았다. 민호 말대로 어마어마하게 큰 쌍코뿔소*가 아기 코뿔소를 데리고 어디론가 가고 있었다. 마치 책이나 영화에 나오는 장면 속에 들어와 있는 것 같았다.

* **쌍코뿔소**
수십만 년 전에 살던 코뿔소의 일종으로 지금은 멸종되었다. 지구는 200만 년 동안 추운 빙하기와 따뜻한 간빙기가 반복되었다. 간빙기에 한반도는 지금보다 훨씬 따뜻하여 녹나무, 참나무, 호두나무 같은 넓은잎나무들이 우거져 있고, 쌍코뿔소, 원숭이, 물소, 하이에나 같은 아열대 지방 동물들도 많이 살았다.

하지만 지금은 한가롭게 구경이나 하고 있을 수 없었다. 준호는 마음이 초조했다.

"민호야, 지금 이러고 있을 때가 아니야. 어서 집으로 돌아가야 돼. 아까 그 두루마리 어디 있어?"

준호가 묻자 민호는 그런 걸 왜 자기한테 묻느냐는 듯한 얼굴로 "몰라." 하고 고개를 저었다.

"어휴……!"

준호는 조금 짜증이 났지만 꾹 참고 재빨리 주위를 둘러보았다. 그러다가 대여섯 걸음 떨어진 곳에 있는 덤불숲에 눈길이 멎었다.

"어, 저게 뭐지?"

준호는 고개를 갸웃거리며 덤불 아래쪽을 빤히 바라보았다. 둥글넓적한 잎사귀들 밑에서 뭔가가 반짝거리고 있었다.

"모래시계네!"

준호가 중얼거리자 민호가 "뭐? 모래시계?" 하고 소

리치며 냉큼 뛰어가 바닥에 떨어져 있던 모래시계를 주웠다.

모래시계는 민호의 손에 쏙 들어올 정도의 크기였다. 자세히 보니, 투명한 장구 모양의 통 속에 보랏빛 모래가 들어 있었다.

"이게 왜 이런 데 떨어져 있지?"

준호가 뒤따라와서 모래시계를 들여다보며 물었다. 온통 풀과 나무뿐인 들판에 모래시계가 있다니, 뭔가 이상하다는 생각이 들었다.

준호는 고개를 갸웃거리며 주위를 살펴보았다. 그러고는 모래시계가 발견된 곳에서 두어 걸음 떨어진 곳에 아까 지하실에서 보았던 두루마리가 떨어져 있는 것을 발견했다.

"앗, 저건……!"

준호는 얼른 두루마리가 있는 곳으로 달려갔다. 두루마리는 마치 아무 일도 없었다는 듯 아까처럼 돌돌 말려 있었다.

준호는 조심스레 두루마리를 주워들었다.

"아, 찾았다. 다행이야!"

준호는 아주 조금은 마음이 놓였다. 그래도 여전히 불안했다. 두루마리를 찾긴 했지만 앞으로 어떻게 해야 할지 막막했다.

분명한 건 이 두루마리에 뭔가 마법의 힘 같은 것이 있다는 사실이었다.

"형, 얼른 펴 봐!"

민호가 호기심에 차서 소리쳤다. 뭔가 대단한 모험이라

도 벌이고 있는 듯 민호의 눈이 반짝반짝 빛나고 있었다.

준호는 어이가 없었다. 아까도 무작정 두루마리를 펼쳐 이런 곳으로 오게 되었는데, 또다시 두루마리를 펴 보라고? 정말 민호는 아무 걱정도 안 되는 걸까?

"안 돼. 아까처럼 또 빛이 번쩍하면서 엉뚱한 곳으로 가면 어떡해?"

하지만 민호는 모래시계를 주머니에 쑤셔 넣고는

"어쩌면 집으로 다시 돌아갈지도 모르잖아."

하며 형의 손에서 두루마리를 낚아챘다.

준호가 "앗, 안 돼!" 하고 소리쳤지만 이미 늦었다. 미처 말릴 틈도 없이 민호가 두루마리를 펼친 것이다.

준호는 눈을 감고 머리를 감싸 쥐었다. 아까처럼 두루마리가 저절로 펼쳐지며 번쩍 빛날 줄 알았던 것이다.

하지만 뜻밖에도 아무 일도 일어나지 않았다. 아까처럼 두루마리가 허공으로 날아오르지도 않았고, 생물처럼 꿈틀대거나 저절로 펼쳐지지도 않았으며, 푸른빛이 번쩍이

지도 않았다.

"후유!"

준호는 한숨을 쉬며 가슴을 쓸어내렸다. 하지만 민호는 무슨 일이 일어나기를 바라기라도 한 사람처럼 실망스럽게 말했다.

"어? 어떻게 된 거지? 아무 일도 안 일어났잖아?"

준호는 눈을 뜨고 두루마리와 동생의 뺀질뺀질한 얼굴을 번갈아 쳐다보았다. 그러고는 민호가 들고 있는 두루마리를 뚫어지게 들여다보았다.

두루마리에 못 보던 그림과 낯선 기호들이 잔뜩 있었다.

왼쪽에는 우리나라 지도*처럼 생긴 그림이 이상한 표시와 함께 그려져 있고, 오른쪽에는 어딘지는 모르지만 산과 강, 나무, 점선 등이 표시된 그림이 그려져 있었다. 그리고 두루마리 가장자리를 따라 상형 문자 같은 것이 있었는데, 하나같이 난생처음 보는 것들이었다.

"이건…… 그래, 이건 지도야."

준호는 혼잣말처럼 중얼거렸다.

"지도? 무슨 지도?"

민호가 눈을 동그랗게 뜨고 물었다.

"여기를 봐. 그러니까 아주 옛날 옛적……."

준호가 손가락으로 지도를 짚으며 말했다.

* 우리나라 지도

오랜 옛날에는 한반도가 지금과 같은 모습이 아니었다. 200만 년에 달하는 구석기 시대에 지구는 추운 빙하기와 따뜻한 간빙기가 번갈아 나타나며 자연환경이 변했다. 빙하기에는 바다가 지금보다 훨씬 낮아서 중국, 한반도, 일본 등이 모두 육지로 연결되어 있었다. 그러다가 약 1만 년 전 간빙기에 얼음이 녹아 바다의 높이가 높아지면서 오늘날과 비슷한 모습이 되었다.

그때였다.

두두두두!

멀리서 땅을 뒤흔드는 듯한 소리가 났다.

"무슨 소리지?"

준호와 민호는 자리에서 벌떡 일어나 주위를 둘러보았다. 저 멀리서 뭔가가 눈부신 물보라를 일으키며 달려오고 있었다. 좌아 하고 거대한 물보라가 일어날 때마다 햇빛에 반사된 물방울들이 아름다운 무지갯빛으로 빛났다. 정체를 알 수 없는 물보라 떼는 넓은 하늘과 고요한 들판을 깨우며 점점 가까이 다가오고 있었다.

"아……!"

준호는 외마디 비명을 질렀다.

놀랍게도 그것은 사슴 떼였다. 왕관처럼 멋진 뿔이 돋아난 사슴 떼가 푸른 들판에 무지갯빛 물보라를 일으키며 빠른 속도로 달려오고 있었다.

"민호야, 어서 피해!"

준호는 재빨리 두루마리를 집어 들고 바위 위로 뛰어올랐다. 민호도 허겁지겁 바위 위로 기어올랐다.

두두두두두두두두!

바로 다음 순간 사슴 떼가 사방에 물을 튀기며 지나갔다. 그 바람에 준호와 민호도 물세례를 받고 말았다.

"앗, 차가워!"

준호와 민호는 고개를 들고 물을 털며 소리쳤다.

그 순간 어디선가 돌멩이와 뾰족한 꼬챙이 같은 것이 빗발치듯 날아오더니, 뭔가가 둔탁하게 쓰러지는 소리가 났다.

쿵!

그러고는 "빼액!" 하는 비명 소리가 공기를 찢더니, 가까운 덤불 너머로 어린 사슴 한 마리가 꼬챙이에 맞아 쓰러진 모습이 보였다.

잇달아 "꺄악!" 하는 소리가 나더니, 뭔가가 준호와 민호의 머리 위로 휙 날아왔다.

민호는 화들짝 놀라 "으악!" 하고 소리쳤다. 바로 옆에 뾰족한 꼬챙이 하나가 날아와 땅에 꽂힌 것이다.

준호는 얼른 동생의 입을 틀어막았지만 이미 늦었다. 바로 다음 순간 "캬아!" 하는 소리와 함께 날카로운 꼬챙이 끝이 준호와 민호의 얼굴을 겨누었다.

준호와 민호는 기겁을 하며 펄쩍 물러났다. 눈앞에 난생처음 보는 털북숭이들이 이빨을 드러내고 으르렁거리고 있었다.

'아……!'

준호는 눈앞이 노래지는 것 같았다.

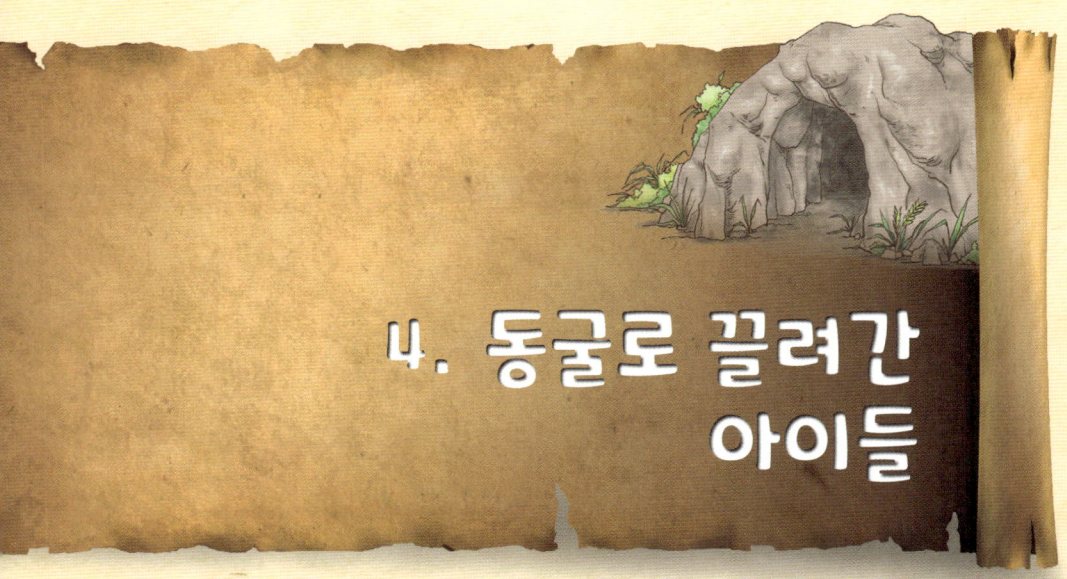

4. 동굴로 끌려간 아이들

"크워어!"

"쿠아쿠아!"

얼굴과 가슴에 털이 텁수룩한 그들은 허공에다 연방 주먹질을 해 대고 꼬챙이를 흔들어 대며 고래고래 고함을 질렀다.

"왜 저러지?"

민호가 물었지만, 준호는 겁에 질려 입도 뻥긋할 수 없었다.

코앞에는 날카로운 꼬챙이가 얼굴을 겨누고 있고, 그 너머에는 정체를 알 수 없는 털북숭이들이 눈을 번뜩이며 괴성을 지르고 있었다. 떡 벌어진 어깨와 짤따란 목, 부리부리한 눈과 뭉툭한 턱 끝. 어떻게 보면 사람 같기도 하고, 또 어떻게 보면 침팬지나 원숭이 같기도 했다.

이윽고 털북숭이들이 한 발, 두 발 다가오자 민호와 준호는 숨이 멎을 것만 같았다.

"사, 살려 주세요!"

민호는 다짜고짜 무릎을 꿇고 빌기 시작했다.

"제발 살려 주세요! 우린 힘없는 어린애들이잖아요. 살려만 주시면, 뭐든지 시키는 대로 다 할게요!"

민호는 급기야 바로 앞까지 다가온 털북숭이의 다리에 매달려 애원했다.

그러자 털북숭이는 몹시 당황한 듯 크르릉, 크르릉 앓는 소리를 내며 다리에서 민호를 떼어 내려고 허우적거렸다.

하지만 민호는 찰거머리처럼 찰싹 들러붙어 떨어지지 않았다.

"형, 뭐 해! 형도 어서 빌어! 빨리!"

민호가 소리치자 준호는 얼떨결에 무릎을 꿇고 빌었다.

"크르르릉!"

이내 대장으로 보이는 털북숭이 하나가 이빨을 드러내며 울부짖더니, 꼬챙이로 바닥을 콱콱 찍어 대며 이상한 소리를 질렀다. 그러고는 준호와 민호 앞으로 성큼 다가와 코를 갖다 대고 킁킁 냄새를 맡았다.

"형, 이놈들 혹시 외계인들 아냐? 그럼 우리가 다른 별에 온 거야? 그렇다면 아까 그 두루마리는 혹시 우주선……?"

민호가 닥치는 대로 말하자, 대장 털북숭이가 민호의 코앞에 꼬챙이를 들이댔다. 그러고는 눈을 부릅뜬 채 "캬아!" 하고 소리치며 발을 쿵 굴렀다. 그러자 갑자기 털북숭이들이 "캬아!", "캬아!" 소리를 지르며 한꺼번에 준호와 민호에게 덤벼들었다.

"살려 주세요!"

준호와 민호는 애타게 소리쳤지만, 털북숭이들의 괴성

에 묻히고 말았다.

　털북숭이들은 넝쿨 줄기 같은 것으로 준호와 민호의 몸을 칭칭 묶었다.

　'아, 큰일 났다!'

　준호는 눈앞이 캄캄했다.

　"크워, 크워어어어!"

　마침내 대장 털북숭이가 바닥에 쓰러져 있던 어린 사슴*을 둘러메고 구릉 쪽을 가리키며 소리쳤다. 그러자 털북숭이 하나가 꼬챙이 끝으로 준호와 민호의 등을 쿡 찔렀다. 어서 움직이란 뜻인 것 같았다.

　준호는 덜덜 떨며 털북숭이들한테 끌려갔다. 민호는 끌려가는 와중에도 간간이 발버둥을 쳤다. 그러다 꼬챙이

* 사슴

사슴은 구석기 시대 사람들이 즐겨 사냥했던 짐승이다. 초기에는 주로 사슴을 비롯한 노루, 토끼 같은 순한 초식 동물을 사냥하던 인류는 점차 무리를 이루어 사냥하는 기술과 도구가 발달함에 따라 너구리, 오소리는 물론, 소나 말, 멧돼지, 코뿔소, 늑대 등 커다란 동물도 적극적으로 사냥하게 되었다.

끝으로 쿡쿡 찔리면 짧은 비명을 지르고는 잠잠해졌다.

이윽고 들판에서 구릉 쪽으로 비스듬히 나 있는 바윗길을 올라가자, 거무스름한 돌투성이 암석 지대가 나타나더니 멀리 동굴 입구 같은 곳이 보였다.

"캬아!"

동굴 입구에서 누군가 소리쳤다. 곧 두세 명의 털북숭이들이 입구께에 몰려들어 팔을 쳐들고 펄쩍펄쩍 뛰면서 "캬아", "캬아" 소리를 질러 댔다. 준호와 민호를 사로잡은 털북숭이들도 꼬챙이를 높이 쳐들고 "캬아!" 소리쳤다. 그러자 동굴 안에 있던 꼬마들까지 우르르 몰려나와 대장 일행을 맞이했다.

준호와 민호는 눈이 휘둥그레져서 주위를 둘러보았다. 다들 하나같이 동물 가죽 같은 것으로 아랫도리만 가렸을 뿐 벌거숭이나 다름없었다.

크고 넓적한 얼굴, 거의 한 줄로 붙은 듯한 눈썹과 그 밑으로 번들거리는 부리부리한 눈, 넓은 콧마루와 앞으로 튀어나온 둥글넓적한 턱, 그리고 구부정한 어깨와 커다란 손발.

준호는 문득 역사책에서 보던 원시인의 모습을 떠올리고는 몸을 부르르 떨었다. 아까는 고릴라나 원숭이인 줄 알았는데, 자세히 보니 사람 같았다.

'그렇다면 이곳은…… 맙소사, 원시 시대야! 우린 지금 원시 시대에 와 있는 거야!'

이내 대장 원시인 일행을 따라 동굴* 안으로 끌려 들어가자, 어두운 동굴 풍경이 눈에 들어왔다. 폭이 약 5미터쯤 되는 널찍한 동굴 안 한쪽에서는 모닥불이 타고 있었고, 곳곳에 동물 뼈와 해골, 부러진 사슴뿔과 깨진 자갈, 여러 가지 모양의 돌조각들이 널려 있었다. 그리고 천장

* 동굴

구석기 시대 사람들은 먹이를 찾아 이동 생활을 하며 동굴에서 여럿이 함께 생활했다. 동굴은 따뜻하고 안전했다. 추위와 비바람을 막아 주었고, 동굴 입구에 불을 피워 두면 사나운 맹수의 침입도 막을 수 있었다.

과 바닥에는 박쥐인지 뭔지 모를 낯선 날짐승과 들쥐들이 군데군데 도사리고 있었다.

원시인들은 동굴 구석의 작은 바위에다 준호와 민호를 묶어 놓고 불가로 가 버렸다.

준호와 민호는 고개를 쳐들고 동굴을 살피다가 갑자기 "으악!" 하고 비명을 질렀다. 발밑으로 뭔가가 꿈틀꿈틀 지나가는 것 같았다. 발을 오므리고 내려다보니, 동물 턱뼈 하나가 떨어져 있고, 그 옆으로 달팽이나 노래기 같은 조그만 벌레들이 꼼틀꼼틀 기어가고 있었다.

준호와 민호는 소름이 오싹 돋았다.

민호가 불안한 듯 물었다.

"형, 저 해골이랑 뼈다귀들은 뭘까? 우리를 왜 여기로 데리고 왔지? 우린 이제 어떻게 되는 거야?"

준호는 겁에 질린 얼굴로 말했다.

"민호야, 여기는 원시 시대인 것 같아. 저 사람들은 원시인*이고. 우리 인류의 조상 말이야."

"뭐? 원시인이라고? 그럼 저 괴물들이 옛날 사람들이란 말이야? 우리가 옛날로 와 있는 거야?"

민호는 금방이라도 튀어나올 것 같은 눈으로 원시인들을 돌아보았다.

그 순간

"크와아!"

하는 괴성이 울려 퍼지더니 동굴 안이 환해졌다. 모닥불의 불길이 점점 세지며 활활 타오르는 불빛 사이로 원시인들이 불가에 몰려들어 덩실덩실 춤을 추고 펄쩍펄쩍 뛰는 모습이 보였다. 사슴 사냥을 축하하는 잔치가 시작된 모양이었다.

겁에 질려 있던 준호와 민호도 고개를 빼고 신기한 듯 구경했다.

* 원시인
수백만 년 전에 지구에 살던 이들은 지금의 사람들과 모습이 똑같지는 않았다. 두 발로 서서 걷고 손을 사용하기는 했지만, 초기에는 몸이 구부정했고 털이 많이 남아 있었다.

어른들이 흥겹게 춤을 추는 동안, 꼬마 하나가 준호와 민호 곁으로 다가왔다. 그러고는 준호와 민호를 툭툭 쳐 보더니, 코와 귀를 살짝 만져 보고 고개를 갸웃거렸다. 그러자 민호도 장난삼아 발로 꼬마의 다리를 툭 치고 생긋 웃었다.

"넌 누구야? 나는 민호야."

준호는 걱정스러운 표정으로 민호를 말렸다.

"야아, 까불지 말고 가만히 좀 있어!"

준호가 얼굴을 찌푸리며 말하자, 꼬마가 준호를 보았다. 꼬마는 생긋 웃으며 준호에게 다가와 입을 앙 벌리고 이빨로 귀를 물어뜯으려 했다.

준호는 기겁을 했다.

"아아아, 안 돼!"

준호가 파랗게 질려 소리치자, 민호도 꼬마를 발로 차며 거들었다.

"야, 인마, 저리 가!"

그 순간 꼬마의 엄마인 듯한 원시인이 "웍!" 하고 겅중겅중 달려와 번개같이 꼬마를 낚아챘다. 그러고는 준호와 민호에게 눈을 부라리며 "으르릉, 크르릉!" 하고 윽박질렀다. 여자 원시인은 꼬마를 품에 안고 다시 불가 쪽으로 겅중겅중 뛰어가 버렸다.

"형 귀가 맛있어 보이나 봐. 저 녀석이 뜯어 먹으려고 했잖아!"

민호는 그렇게 말하고 킥킥 웃었다.

준호는 어이가 없었다.

"지금 웃음이 나와? 하마터면 귀가 떨어져 나갈 뻔했잖아. 괜히 꼬마한테 말을 시켜 가지고! 제발 좀 얌전히 있어. 그러다 큰일 나겠어."

준호의 말에 민호는 그만 시무룩해져서 입을 다물었다.

원시인들은 이제 흥분을 가라앉히고 사냥해 온 사슴을 손질하고 있었다.

여자들이 불을 좀 더 지피자, 동굴 안은 대낮처럼 환해졌다. 한쪽에서는 뾰족하고 날카로운 돌*로 사슴 가죽에 붙은 살점을 뜯어내고 있었고, 또 한쪽에서는 사슴 고기를 불어 굽고 있었다.

이윽고 동굴 안에 고기 굽는 냄새가 솔솔 풍기자, 민호는 자기도 모르게 코를 벌름거렸다.

쿵쿵.

"크아, 맛있겠다!"

배에서는 연방 꼬르륵꼬르륵 소리가 났다.

"지금 그런 말이 나와? 앞으로 무슨 일이 벌어질지 모르는데, 맛있긴 뭐가 맛있겠다는 거야?"

준호가 어이없다는 듯이 말했다. 하지만 곧바로 준호의 배에서도 꼬르르륵! 소리가 났다. 민호가 킥킥 웃음을 터

* 날카로운 돌
원시인들은 돌을 뾰족하거나 날카롭게 만들어 칼이나 도끼처럼 사용했다. 초기에는 돌을 때려서 깨뜨리거나 떼어 내어 만든 뗀석기를 주로 썼는데, 이처럼 뗀석기를 사용하던 시대를 구석기 시대라고 한다.

뜨렸다. 집을 떠나온 지 한참 지난 것 같았다.

 그때였다.

 "어, 아까 그 꼬마다!"

 냄새 나는 쪽을 보며 두리번거리던 민호가 활짝 웃으며 말했다.

 어른들이 모두 사냥해 온 먹이에 정신이 팔린 사이에 아까 준호의 귀를 물어뜯으려던 꼬마가 준호와 민호가 있는 곳으로 아장아장 걸어온 것이다.

 "야, 너 또 왜 왔어? 우리 형 귀가 그렇게 맛있어 보였냐? 킥킥……!"

 민호가 놀리듯이 말했다. 민호는 꼬마가 반가운 모양이었다. 민호가 헤헤 웃으며 꼬마에게 장난으로 혀를 날름거리자, 꼬마는 입을 헤벌린 채 민호를 빤히 쳐다보았다. 털북숭이 아기 고릴라처럼 코가 납작하고 입이 툭 튀어나온 아주 못생긴 꼬마였지만, 사납게 눈을 번뜩이는 털북숭이 어른들과는 달리 너무 귀여웠다. 까만 구슬처럼 반짝이는 꼬마의 두 눈에는 장난기와 호기심이 가득했다.

꼬마는 턱을 쭉 내밀고 콧구멍을 벌름거리며 준호와 민호를 번갈아 쳐다보았다. 그러자 민호의 눈이 반짝 빛났다. 민호는 묶인 채로 간신히 바지 주머니에 손을 넣어 뒤적거렸다. 민호의 바지 주머니 안에는 딱지, 지우개, 몽당연필, 볼펜 뚜껑, 모래시계 등 온갖 잡동사니가 들어 있었다.

"꼬마야, 이것 좀 봐. 되게 예쁘지?"

민호가 주머니에서 무지갯빛 유리구슬 하나를 꺼내 꼬마에게 보여 주었다. 그러자 구슬이 동굴 안의 불빛에 반사되어 반짝반짝 빛났다.

꼬마는 신기한 듯 눈을 반짝이며 구슬을 빤히 쳐다보았다.

민호는 구슬을 쥐고 "자, 잘 봐!" 하고 빙긋이 웃고는, 꼬마가 서 있는 쪽으로 구슬을 굴려 보냈다.

데구루루.

구슬이 꼬마의 발 앞으로 굴러갔다. 꼬마는 눈이 휘둥그레져서 고개를 갸우뚱하며 까아까아 하는 이상한 소리를 냈다.

준호는 자기도 모르게 웃음이 나왔다. 아직 소리도 제대로 못 내는 꼬마 털북숭이의 가느다란 소리가 너무나 앙증맞았다.

꼬마는 구슬을 잡으려고 몸을 숙였지만, 동그랗고 매끄러운 구슬은 꼬마의 손아귀에서 쏙 빠져나가 동굴 입구 쪽으로 데구루루 굴러가 버렸다.

"꺄아!"

꼬마는 팔을 쳐들고 소리를 질렀다. 하지만 구슬은 꼬마의 호통에도 아랑곳없이 굴러가 입구께에서 똑 멈추었다.

그러자 꼬마는 자리에 털썩 주저앉았다. 그러고는 구슬을 쫓아 입구 쪽으로 빨빨빨 기어갔다.

준호와 민호는 재미있다는 듯 꼬마를 바라보았다.

그 순간 동굴 입구 쪽에서 뭔가가 날카롭게 빛났다. 동굴 밖에서 노란 눈동자들이 소리 없이 꼬마를 노려보고 있었던 것이다. 이내 그 노란 눈동자의 짐승들이 서서히 앞니를 드러내며 크르르르 소리를 내더니, 동굴 안쪽으로 한 발 한 발 다가왔다.

준호와 민호는 새파랗게 질려 거의 동시에 소리쳤다.

"앗, 저건!"

굶주린 늑대 떼가 동굴에서 나는 고기 냄새를 맡고 몰려온 것이다.

5. 사라진 지도

늑대의 번뜩이는 눈을 본 순간, 준호는 그 자리에 얼어붙고 말았다.

'늑대다! 아기가 위험해요!'

준호는 온 힘을 다해 소리치려 했다. 하지만 소리가 목구멍에 들러붙어 나오지 않았다.

"안 돼! 저리 가!"

민호가 늑대를 보고 놀라서 소리쳤다. 그러고는 잇따라 원시인들에게 위험을 알려 주려는 듯 원시인과 똑같이 째질 듯한 소리로 외쳤다.

"캬! 캬! 캭!"

원시인들은 민호의 비명 소리에 놀라 일제히 아이들을 쳐다보았다. 그러자 민호는 더욱더 째질 듯이 소리치며 동굴 입구 쪽으로 고갯짓을 해 댔다.

"저기, 저기! 늑대, 늑대!"

동굴 안은 순식간에 아수라장으로 변했다. 고기를 뜯던 몇몇은 괴성을 지르며 이리저리 흩어졌고, 몇몇 여자들은 재빨리 아이를 안고 짐승처럼 껑중껑중 뛰어서 동굴 안쪽으로 달아났다.

"크워어!"

남자 원시인들이 주위에 있던 돌을 집어 들고 늑대*하고 똑같이 이빨을 드러내고 으르렁거렸다.

* **늑대**

늑대와 하이에나 같은 동물들은 원시인들의 경쟁자였다. 사냥 기술이나 도구가 발달하지 않았던 초기에는 동물을 사냥하기가 쉽지 않았기 때문에 사냥감을 두고 서로 다투었다. 원시인들은 맹수가 사냥한 먹이를 가로채기도 하고, 자신들이 사냥한 동물을 빼앗기기도 했다.

하지만 늑대들도 만만찮았다. 늑대들은 무시무시한 송곳니를 드러내고 침을 뚝뚝 흘리며 으르렁거렸다. 원시인들이 불가에 있던 돌과 꼬챙이를 닥치는 대로 집어 던졌지만, 굶주린 늑대들은 순순히 달아나지 않았다. 꼬챙이를 피해 물러났다가도 다시 슬금슬금 다가왔다.

그러자 대장 원시인이 불붙은 나뭇가지를 집어 들고 입구 쪽으로 성큼성큼 걸어갔다.

이빨을 드러내고 으르렁거리던 늑대들도 시뻘건 불*을 보고는 꼬리를 내리며 슬금슬금 물러났다.

이윽고 우두머리 원시인이 불타는 나뭇가지를 휙 집어 던지자, 한 늑대의 털에 불이 옮겨 붙었다. 그러자 늑대들

* 불

불은 맹수를 쫓는 훌륭한 무기였다. 동물들과 마찬가지로 원시인들도 불을 두려워했지만 차츰 지능이 높아지면서 불을 다룰 줄 알게 되었다. 덕분에 어둠을 밝히고 몸을 따뜻하게 할 수 있고, 음식을 익혀 먹을 수 있었다. 또 불로 나무를 태워 '타르'라는 끈끈한 접착제를 얻어서 '손잡이가 달린 던지는 무기'를 만들기도 했다(네안데르탈인). 구석기 시대 이후에는 흙으로 빚은 그릇을 굽거나 쇠붙이를 녹이는 데도 불을 이용했다.

은 "깨갱갱!" 비명을 지르며 혼비백산 줄행랑을 쳤다.

원시인들은 한숨을 푸욱 내쉬었다.

이내 꼬마의 엄마가 준호와 민호를 가리키며 대장 원시인에게 뭐라고 했다. 그러자 대장 원시인이 뚜벅뚜벅 다가와 준호와 민호를 풀어 주었다. 준호와 민호가 쭈뼛쭈뼛 불가에 와서 묶였던 손목을 주무르며 앉아 있자니, 대장 원시인이 익은 고기를 뜯어 건넸다.

"워!"

대장 원시인이 턱짓으로 고기를 가리키며 말했다. 아마도 아기를 구해 주어서 고맙다는 뜻인 것 같았다.

"고맙습니다!"

민호는 절을 꾸벅 하며 우렁차게 소리쳤다. 그러고는 얼른 고기를 받아들고 맛있게 뜯어 먹었다.

"고, 고맙습니다……!"

준호도 인사를 하며 쭈뼛쭈뼛 고기를 받아 들었다. 하지만 도저히 먹을 수가 없었다. 시커멓게 그을려 있기는 했지만, 아직도 군데군데 털과 살가죽이 붙어 있었다. 게다가 민호가 먹는 것을 보니 불에 익힌 고기*라고는 해도 불그스름하게 핏기가 보였다.

준호는 그만 헛구역질이 났다.

먹고 싶지 않았지만, 원시인들의 비위를 거스를까 봐 안 먹을 수도 없었다.

'으……'

준호는 눈을 질끈 감고 한 입 베어 물어 보았다. 하지만 곧 구역질이 올라왔다.

* **익힌 고기**

불을 다룰 줄 알게 되고 음식을 익혀 먹기 시작하면서 원시인들의 이빨은 둥글어지고 작아졌다. 날것을 먹을 때보다 음식을 자르고 찢고 씹는 데 힘이 덜 들게 되자, 원시인들의 이빨 모양이 달라지게 된 것이다. 또 많은 풀과 열매를 먹을 때와 달리, 고기를 주로 먹게 되면서 장이 짧아지고 소화에 드는 에너지가 줄어들어 다른 일을 할 수 있는 시간이 많아졌다.

곁눈으로 힐끗 보니 민호는 입가에 숯검정을 묻히며 게걸스레 뜯어 먹고 있었다. 중간중간 퉤퉤 뱉기도 하고, 질겅질겅 씹기도 하면서 냠냠 쩝쩝 먹어 대는 모습을 보니 기가 막혔다.

"어휴, 넌 지금 그 고기가 넘어가냐? 집에 안 갈 거야? 여기서 원시인들하고 살 거냐고?"

준호가 나지막이 물었지만, 민호는 먹는 데 정신이 팔려 입 안에 고기를 잔뜩 물고 우물거렸다.

"뭐라고?"

준호가 고개를 기울이며 묻자, 민호는 여전히 입 안 가득 고기를 문 채 우물거렸다.

"이어마 머으 가으아……."

준호는 한숨을 푸욱 내쉬었다. 도대체 무슨 말인지 알아들을 수가 없었다.

이내 민호가 고기를 꿀꺽 삼키고 입술을 싸악 핥았다.

"이것만 먹고 갈 거라고. 그런데 형, 집에는 어떻게 가지? 아까 그 두루마리 어디 있어? 그거 다시 펴 보자. 어쩌면 아까처럼 빛이 번쩍하면서 집으로 돌아갈 수도 있잖아."

그 순간 준호의 머릿속이 하얘졌다.

"아, 맞다…… 두루마리!"

준호는 재빨리 고개를 들고 조금 전까지 자신들이 묶여

있던 곳을 바라보았다. 하지만 두루마리 같은 것은 보이지 않았다. 아까 이곳으로 잡혀 올 때 어딘가 떨어뜨린 모양이었다.

준호는 가슴이 철렁 내려앉았다.

'없어?'

민호가 눈을 동그랗게 뜨고 입 모양으로 물었다.

준호는 당황한 얼굴로 고개를 끄덕였다.

"아까, 거기에 떨어뜨린 것 같아. 원시인들한테 잡힐 때."

"뭐? 그럼 잃어버린 거야?"

민호가 낮은 소리로 고함을 치듯 물었다.

준호는 쉿! 하고 손가락을 입에 갖다 댔다.

민호가 작은 소리로 속닥거렸다.

"이제 어떡하지? 그럼 집에도 못 돌아가는 거야?"

준호는 하얗게 질린 채 말없이 고개를 끄덕였다.

6. 뛰어!

"지도를 찾아야 돼. 어서 여기서 빠져 나가야 돼."

준호는 넋이 나간 사람처럼 혼잣말로 중얼거렸다.

민호는 걱정스러운 얼굴로 원시인들의 눈치를 살폈다. 원시인들은 하나같이 고기를 뜯어 먹거나 뼈를 핥아 먹느라 정신이 없었다. 하지만 동굴 입구로 가려면 불가를 빠져나가야 하는데, 모두들 불가에 모여 있어 도저히 몰래 빠져나갈 수는 없을 것 같았다. 게다가 동굴 앞에는 조금 전에 늑대가 들어왔기 때문인지 원시인 하나가 보초까지 서고 있었다. 보초 원시인은 부러운 눈길로 불가를 힐끔거렸다.

"아, 좋은 수가 없을까……."

준호가 초조하게 중얼거리자, 민호는 눈알을 또르르 굴리며 주위를 두리번거렸다. 그러다가 퍼뜩 좋은 수가 생각난 듯 준호의 귓가에 대고 속닥거렸다.

"말도 안 돼! 그게 통할 것 같아?"

준호가 눈을 동그랗게 뜨고 되묻자, 민호는 자신 있다는 듯 고개를 끄덕끄덕하더니 자리에서 벌떡 일어섰다.

원시인들이 고기를 뜯다 말고 화들짝 놀라 경계의 눈빛으로 바라보았다.

"크르르르……."

원시인 몇몇이 나지막이 으르렁거리자, 민호는 넉살 좋게 절을 꾸벅하고는 큰 소리로 외쳤다.

"고기 진짜 맛있었어요! 최고예요!"

그러고는 활짝 웃으며 엄지손가락을 추켜올렸다. 원시인들의 눈이 그 손가락에 쏠리자, 민호는 원시인들이 알아듣든 말든 다시 큰 소리로 외쳤다.

"제가 감사의 뜻으로 노래를 불러 드릴게요. 자, 다들 박수, 박수!"

민호는 자기 혼자 박수를 짝짝짝 치고는, 큰 소리로 노래를 부르며 덩실덩실 춤을 추기 시작했다.

"아리아리랑, 쓰리쓰리랑, 아라리가 나앗네에……."

원시인들은 영문을 몰라 눈을 휘둥그레 뜨고 멀뚱멀뚱 쳐다보았다. 더러는 고개를 갸웃거리며 어리둥절한 얼굴로 서로를 쳐다보았고, 몇몇은 경계의 눈빛으로 나지막이 으르렁거렸다.

준호는 가슴이 조마조마했다.

하지만 민호는 태연하게 덩실덩실 춤을 추면서 준호의 손을 잡아끌었다.

"형, 어서 일어나서 같이 좀 불러!"

준호는 겁에 질린 눈으로 원시인들의 눈치를 살폈다. 때마침 동굴 입구에서 보초를 서던 원시인이 다른 원시인들의 눈길이 민호한테 쏠린 틈을 타서 슬금슬금 불가 쪽으로 다가오고 있었다.

이내 준호도 민호와 함께 아리랑 노래를 부르며 어설프게 춤을 추었다. 준호와 민호는 마치 쌍둥이 춤꾼들처럼 불가에서 동굴 입구 쪽으로 덩실덩실 춤을 추며 다가갔다가, 다시 불가 쪽으로 덩실덩실 되돌아오면서 점점 입구 쪽으로 가까이 다가갔다.

처음에는 원시인들도 움찔움찔 놀랐지만, 차츰 긴장을 풀고 준호와 민호의 춤을 구경했다.

특히 아이들과 여자들은 몹시 즐거운 듯 까르르 소리를 내기도 하고, 엉덩이를 흔들어 대거나 손뼉을 치면서 겅중겅중 뛰기도 했다. 더러는 배나 가슴을 두드리며 캬, 캬 소리를 지르는 원시인도 있었고, 바닥을 구르거나 깡충깡충 뛰어다니는 아기 원시인도 있었다. 남자 원시인들은 기분이 좋은 듯 "캬하하하!", "크하하하핫!" 소리치고는 다시 고기를 뜯기 시작했고, 동굴 앞에 서 있던 보초도 어느새 불가 쪽에 붙어 앉아 으적으적 고기를 뜯어 먹고 있었다.

　이제 동굴 입구까지는 불과 5, 6미터 거리밖에 되지 않았다.

아무도 없는 동굴 입구가 하얀 아가리를 벌리고 있었다.

준호는 침을 꼴깍 삼켰다.

마침내 동굴 입구에 거의 다다랐을 무렵, 민호가 벼락같이 소리쳤다.

"지금이야, 형! 뛰어!"

민호는 냅다 동굴 밖으로 뛰쳐나갔다. 그와 동시에 준호도 있는 힘을 다해 뛰기 시작했다.

"크워억!"

평화롭던 동굴 안에 원시인들의 성난 고함 소리가 날카롭게 울려 퍼졌다.

7. 천둥 번개 속에서

준호와 민호는 미친 듯이 바윗길을 뛰어 내려갔다. 발길에 차이는 돌멩이들이 요란하게 굴러 떨어지고 키 작은 떨기나무들이 흔들리자, 나뭇가지에 앉아 있던 새들이 놀라서 푸드덕푸드덕 날아올랐다.

뒤에서는 뒤늦게 눈치를 챈 원시인들이 날카로운 돌과 꼬챙이를 들고 눈을 부릅뜬 채 쫓아오고 있었다.

"크워어억!"

등 너머로 원시인들의 성난 고함 소리가 들려오자 준호는 다리가 후들거렸다.

"형, 빨리, 빨리!"

민호가 앞서가며 소리쳤다. 잡혀갈 때만 해도 맑고 푸르렀던 하늘에는 어느새 시꺼먼 먹구름이 껴 있고, 앞에는 난생처음 보는 풀과 나무와 바위들이 길을 가로막았다.

준호와 민호는 요리조리 바위를 피하고 우거진 수풀을 헤치며 비탈을 달려 내려갔다. 마침내 평지가 나오자 죽을힘을 다해 내달렸다. 하지만 들판에서 날쌘 짐승들을 사냥하며 살아가는 원시인들의 달리기 속도를 당할 수는 없었다.

원시인들은 거리를 점점 좁혀 오더니, 급기야 바로 뒤까지 쫓아왔다.

"악!"

마침내 쫓아오던 원시인 하나가 손을 뻗어 민호의 옷자락을 움켜쥐려고 하자, 민호는 비명을 지르며 가까스로 그 손아귀에서 벗어났다. 그 바람에 민호의 옷자락을 잡으려던 원시인은 균형을 잃고 비틀거렸다.

민호는 뛰면서 힐끗 돌아보았다. 그 순간 뭔가가 발에

걸리면서 그만 바닥에 털퍼덕 엎어지고 말았다. 그와 동시에 민호의 주머니에서 작은 모래시계가 툭 굴러 나왔다. 하지만 아무도 눈치채지 못했다.

"민호야!"

준호가 달려와 민호를 일으키려 했다. 이미 원시인들이 준호와 민호를 에워싸고 있었다. 원시인들은 날카로운 창을 겨누고 한 발, 한 발 좁혀 왔다.

준호는 숨을 헐떡이며 겁에 질린 얼굴로 날카로운 창끝

을 바라보았다. 때마침 사방에서 먹구름이 몰려들며 주위가 점점 어두워졌다.

"쿼어억!"

성난 원시인들은 이빨을 드러내고 사납게 울부짖었다.

마침내 시꺼먼 먹구름이 컴컴하게 하늘을 뒤덮었다.

'이젠 죽었구나.'

준호와 민호는 서로를 부둥켜안은 채 마음속으로 비명을 질렀다. 준호와 민호는 하얗게 질렸다.

마침내 대장 원시인이 준호를 내리치려고 꼬챙이를 높이 쳐들었다.

그때 먹구름으로 시꺼멓게 뒤덮인 하늘에서 갑자기 번개가 번쩍! 쳤다.

순간 뭔가 꿈틀거리는 것이 준호의 눈에 띄었다. 두루마리였다. 방금 전에 민호는 두루마리에 걸려 넘어진 것이다.

원시인들은 번개가 번쩍한 순간 그 자리에 얼어붙어 꼼짝도 하지 않았다. 잠시 뒤, 대장 원시인이 두려움을 뚫고 꼬챙이를 내리치려 했다. 하지만 잇달아 우르릉 꽝꽝! 하고 하늘이 찢어지는 듯한 소리가 울려 퍼졌다. 그러자 대장 원시인도 겁에 질려 더 이상 움직이지 못했다. 대장 원시인은 마치 돌덩어리처럼 그 자리에 못 박힌 듯 서 있었다.

바로 그때 두루마리가 허공으로 두둥실 떠오르며 저절로 펼쳐졌다. 그와 동시에 두루마리에서 눈이 멀 듯한 푸

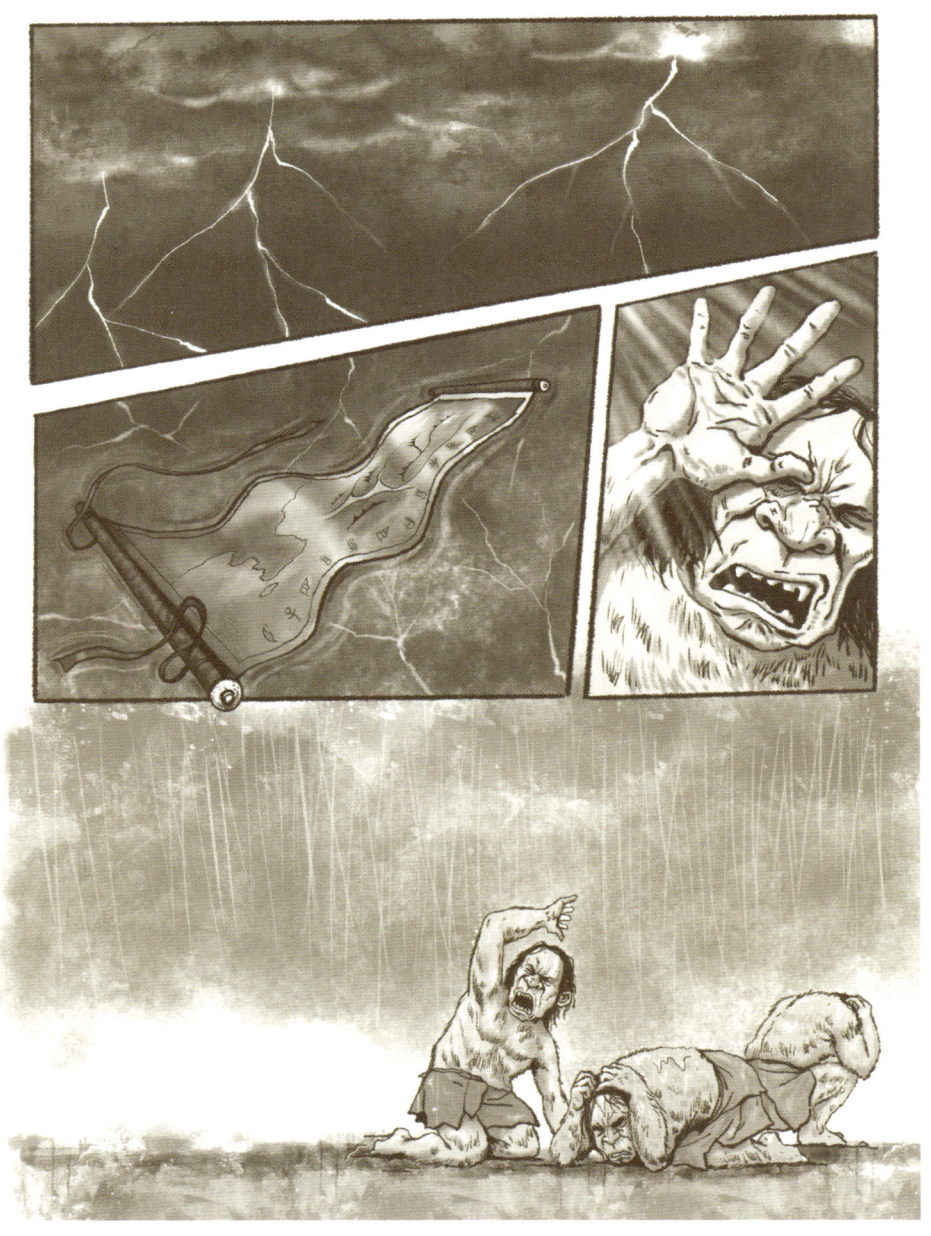

른빛이 번쩍하고 뿜어져 나왔다.

 원시인들은 겁에 질려 "꺄아악!" 비명을 지르며 두 손으로 머리를 감싸 쥐고 바닥에 엎드렸다.

 바로 다음 순간 아이들의 모습은 온데간데없이 사라지고, 세찬 장대비가 쏴아 쏟아지기 시작했다.

 원시인들은 쏟아지는 장대비 속에서 꼼짝도 못하고 바닥에 엎드린 채 덜덜 떨고 있었다.

8. 집으로

준호와 민호는 얼굴을 찡그리고 주위를 둘러보았다. 희미한 어둠 속에서 익숙한 풍경이 눈에 들어왔다.

준호와 민호는 서로 얼싸안고 펄쩍펄쩍 뛰었다.

"이야, 집이다, 집! 우리 집으로 돌아왔어!"

"만세! 살았다, 살았어!"

어둑한 지하실 벽과 바닥, 책장에 수북이 쌓여 있는 두루마리들.

틀림없는 지하실 골방이었다. 아까 둘이서 과거 속으로 떠난 곳으로 무사히 되돌아온 것이다.

준호와 민호는 다시 한 번 서로를 끌어안고 펄쩍펄쩍 뛰었다. 마치 꿈을 꾼 것 같았다.

준호가 말했다.

"어서 올라가자. 엄마 아빠가 걱정하고 계실 거야."

골방 밖으로 나오자 바닥에 책이 널브러져 있었다. 아까 민호가 쓰러뜨렸던 책들이었다.

"민호야, 잠깐만!"

준호는 왠지 아까하고 똑같이 책으로 문을 가려 놓아야 할 것 같은 생각이 들었다. 누구의 눈에도 띄지 않게, 감쪽같이.

"형, 왜? 빨리 올라가자면서."

민호가 대꾸하자, 준호는 목소리를 낮추고 은밀하게 속삭였다.

"이거 다시 쌓아 놓고 가자. 아까처럼 책으로 입구를 가려 놓는 거야. 아무도 모르게……!"

어둠 속에서 민호의 눈이 반짝 빛났다.

아무도 모르게!

민호는 그 말을 듣는 순간 재까닥 형의 마음을 알아차렸다.

그렇다. 어쩌면 이 골방은 준호와 민호만이 알고 있는 곳인지도 모른다. 책으로 가려 놓은 것을 보면 비밀의 방이 틀림없는 것 같았다. 그렇다면 일단 누구의 눈에도 띄지 않도록 감쪽같이 숨겨 둘 필요가 있었다.

하지만 아까처럼 책을 벽에 바짝 붙여 쌓지 않고 문에서 약간 떨어진 곳에 차곡차곡 쌓았다. 그러자 문과 책 더미 사이에 어린아이들이 옆 걸음으로 지나갈 수 있을 정도의 좁은 공간이 생겼다.

"엄마는 배가 걸려서 여기는 도저히 못 지나갈 거야."

민호가 낄낄거리자 준호도 빙긋이 웃었다.

"됐어, 감쪽같다, 형!"

정면에서 보면 뒤쪽에 빈 공간이 있다는 것을 전혀 알 수 없었다.

이내 준호와 민호는 만족스러운 얼굴로 손을 탁탁 털었

다. 그리고 나서 후닥닥 지하실을 빠져나가 환한 햇살이 들이치는 계단을 뛰어 올라갔다.

현관으로 들어서자, 엄마 아빠가 땀을 훔치며 부지런히 이삿짐을 정리하고 있었다.

"준호야, 민호야, 상자 다 옮겼으면 마당에 있는 도구 상자 좀 갖다 다오."

아빠가 비지땀을 뚝뚝 흘리며 말했다.

준호와 민호는 눈이 휘둥그레져서 서로를 마주 보았다. 왜 이렇게 오래 걸렸냐고, 지하실에서 뭐 했냐는 이야기를 들을 줄 알았는데, 아빠가 아무 일도 없었다는 듯이 말을 한 것이다.

'그렇다면……'

준호는 등골이 서늘했다. 이삿짐도 아까하고 똑같고, 엄마 아빠가 이삿짐을 정리하고 있는 모습도 아까하고 똑같았다.

아마도 현실에서는 시간이 전혀 흐르지 않은 것 같았다.

그렇게 한참 동안이나 모험을 하고 왔는데도 시간은 여행을 떠나기 전하고 똑같았다.
 민호가 고개를 갸웃거렸다.
 "어, 이상하다. 우린 원시인들…… 읍!"

준호는 얼른 동생의 입을 틀어막고는 조그만 소리로 속삭였다.

"쉿! 비밀이야."

민호는 입을 틀어막힌 채 고개를 끄덕였다.

엄마가 소리쳤다.

"얘들아, 뭐하니? 아빠가 도구 상자 좀 갖다 달라잖아."

준호는 민호의 입에서 손을 떼며 "네!" 하고 소리쳤다. 그러고는 민호와 앞다투어 마당으로 달려 나갔다.

이내 준호와 민호는 마당의 도구 상자 앞에서 걸음을 멈추고 서로를 보았다.

민호가 불쑥 물었다.

"형, 저 지하실에 있는 두루마리들, 그거 마법의 두루마리인 거 같지?"

준호는 얼른 주위를 살폈다.

"쉿! 조용히 해! 누가 들을라! 목소리 좀 낮춰!"

하지만 준호도 민호와 같은 생각이었다. 그렇다면 지하실에 있는 저 두루마리들은 도대체 누구의 것일까? 그리고 시간 여행과 무슨 관계가 있는 걸까?

"형, 그거 혹시 아빠 건 아니겠지?"

민호가 묻는 순간, 준호의 머릿속에 문득 낯선 여자아이의 말이 떠올랐다.

'그럼 이 집에 얽힌 비밀도 모르겠네? …… 이 집에 살던 할아버지가 어느 날 갑자기 사라졌다는 거 말이야. ……
그 뒤로 이 집엔 지금까지 아무도 살지 않았어.'
 준호는 머리칼이 쭈뼛 섰다.
 그러면서도 왠지 가슴이 뛰었다.
 "아 참, 내 모래시계……!"

민호가 문득 주머니에 모래시계를 넣어 둔 것을 기억하고는 주머니에 손을 넣어 보았다. 하지만 아무리 뒤져도 모래시계가 없었다. 아무래도 원시 시대에 떨어뜨리고 온 것 같았다.

"형, 모래시계가 없어졌어."

민호가 말했지만, 준호는 건성으로 "으응." 하고 대답했다.

집 지하에 마법의 비밀 방이 있다!

그렇게 생각하자, 준호는 낯설기만 하던 이 집에 왠지 마음이 끌렸다.

가슴 설레는 모험과 비밀의 세계가 자신들을 애타게 기다리고 있을 것만 같았다.

준호의 역사 노트

과거 여행을 다녀온 뒤, 역사 박사 준호는 도서관과 아빠의 서재를 들락거리며 원시 시대 연구에 몰두했다. 준호는 무엇을 알아냈을까?

수백만 년 전의 일을 어떻게 알까?

까마득히 옛날에 일어났던 일들을 어떻게 알 수 있을까? 특히나 아무런 기록도 남아 있지 않은 수백만 년 전에 있었던 일을. 이처럼 기록이 남아 있지 않은 시대를 '선사 시대'라고 하는데, 학자들은 지금까지 남아 있는 당시의 지층과 사람 뼈, 유물 등을 통해 그 시대의 생활을 밝혀낸다. 석기와 같은 유물을 통해 그 시대에는 어떤 도구를 사용했고 어떻게 살았는지를 알 수 있고, 뼈를 통해 당시 사람의 모습을 짐작할 수 있다. 또 뼈나 유물이 묻혀 있던 지층을 보고 시기도 가늠한다. 가령 발굴된 지층보다 더 아래의 지층에서 유물이 발굴되었다면 그것은 더 오래된 시대의 유물인 것이다. 또 동물의 뼈를 통해 어떤 동물들이 살았는지, 흙 속에 섞인 숯과 꽃가루를 통해 어떤 나무와 풀과 꽃이 있었는지 알 수 있다.

그래서 새로운 유적지가 발굴되어 새 유물들이 출토되면 또 새로운 사실들을 알게 된다. 몰랐던 사실을 알게 되는 경우도 있지만, 지금까지 알았던 사실이 틀리다는 것이 밝혀지는 경우도 있다. 학자들의 연구가 계속되면서 현재 우리가 알고 있는 지식도 조금씩 바뀔 것이다.

고고학자들은 자연에 남아 있는 오래된 유물들을 통해 과거에 대해 알아

낸다. 수백만 년 동안의 인류 역사에서 아직 밝혀지지 않은 사실이 아주 많으며, 지금도 지구 곳곳에서는 세계의 고고학자들이 과거의 흔적들을 찾아다니며 열심히 연구하고 있다.

유물을 발굴할 때 쓰는 도구들

삽, 곡괭이 : 땅을 깊이 판다. 발굴 작업 초기에 쓰인다.
꽃삽, 호미 : 유물이 나오면 망가지지 않도록 조심스럽게 땅을 판다.
대나무 칼 : 땅에서 파낸 유물 주변의 흙을 제거한다.
솔 : 유물에 묻은 먼지를 깨끗이 털어낸다.

유물과 유적의 연대를 어떻게 알까?

지구의 모든 생명체에는 탄소가 있다. 그런데 생명체가 죽으면 탄소14가 줄어들기 시작한다. 탄소14가 얼마나 줄었는지에 따라 물질의 연대를 알 수 있다. 이것을 '방사성 탄소연대측정법'이라고 한다.

 인류의 조상은 누구일까?

인류의 탄생과 진화

최초의 인류는 아프리카에서 탄생했다. 지각판*의 충돌로 아프리카 동부 지역이 솟아오르면서* 기후가 춥고 건조해졌다. 이에 따라 숲이었던 지역이 초원으로 변하면서 열매 등의 먹이가 부족해지자, 숲에 살던 유인원 가운데 일부가 먹이를 찾아 초원으로 나와 살게 되었다.

이들은 부족한 나무 열매 대신 땅에 묻힌 덩이줄기 식물 등을 캐먹거나 다른 동물이 먹다 남긴 것을 주워 먹으면서 새로운 환경에 적응해 나갔다. 나무에 매달리며 살던 숲 생활에서 평지에서 두 발로 걷는 생활로 바뀌면서 손이 자유로워지게 되었다. 이 과정에서 고릴라나 침팬지와 비슷하던 모습이 차츰 오늘날의 인류의 모습을 띠게 되었다.

지각판

지구의 가장 바깥쪽은 두께 100km 정도의 두꺼운 암석판 10여 개로 이루어져 있다. 이들 지각판이 조금씩 움직이며 서로 부딪힐 때마다 새로운 지형이 만들어지고 화산이나 지진 활동이 일어나게 된다.

동아프리카 지구대

아프리카 동부의 남북으로 길게 뻗어 있는 좁고 긴 골짜기. 지금도 조금씩 갈라지며 얕은 지진과 화산 활동이 일어나고 있다. 인류는 주로 이곳을 따라 아프리카 밖으로 나갔던 것으로 추정된다.

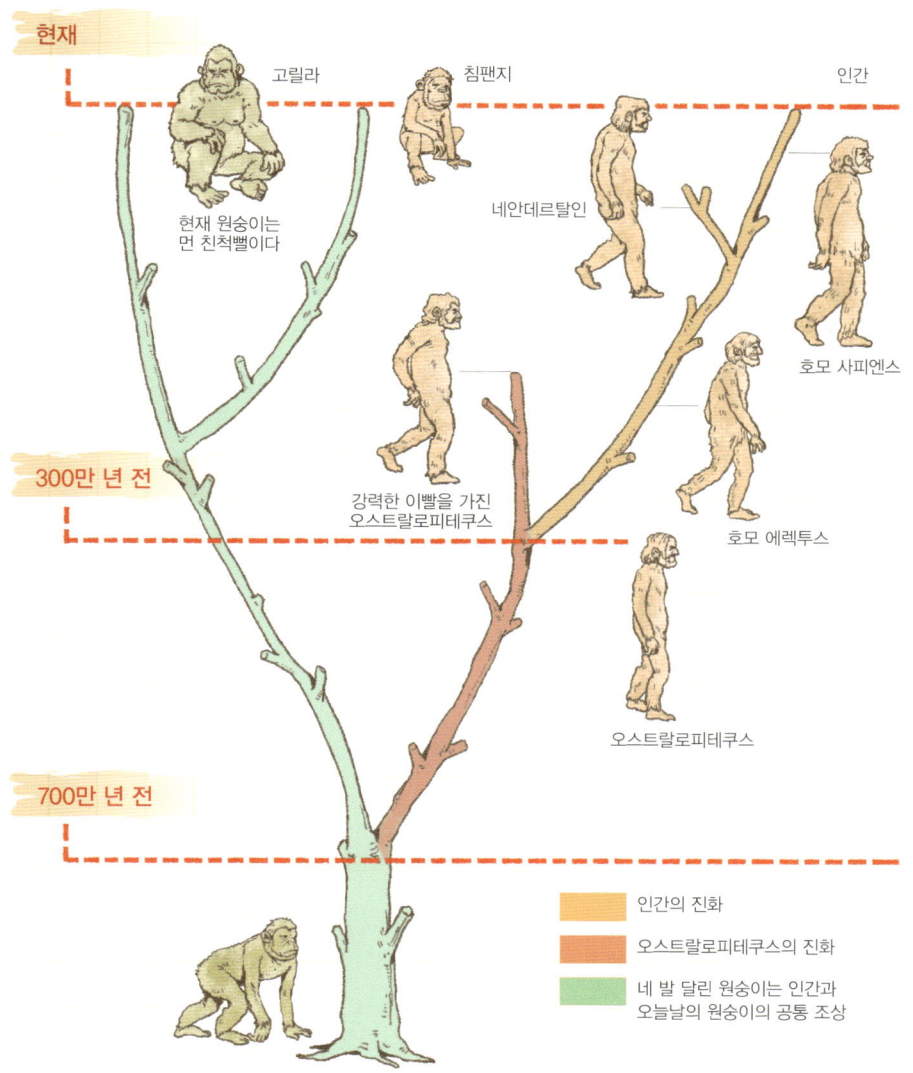

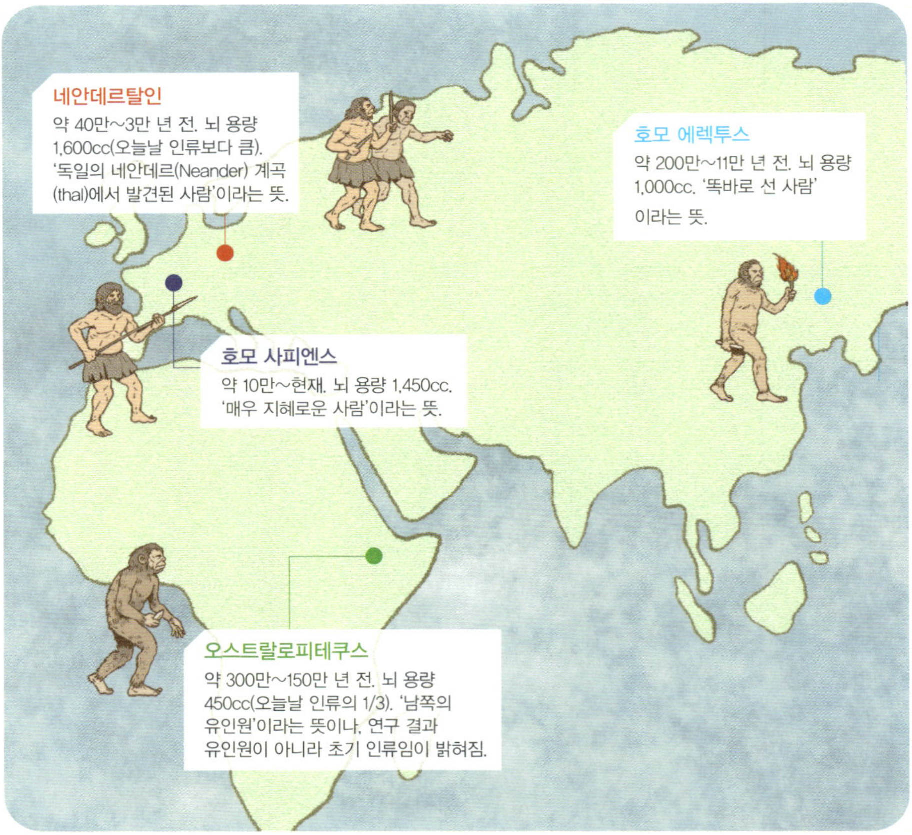

네안데르탈인
약 40만~3만 년 전. 뇌 용량 1,600cc(오늘날 인류보다 큼). '독일의 네안데르(Neander) 계곡(thal)에서 발견된 사람'이라는 뜻.

호모 에렉투스
약 200만~11만 년 전. 뇌 용량 1,000cc. '똑바로 선 사람'이라는 뜻.

호모 사피엔스
약 10만~현재. 뇌 용량 1,450cc. '매우 지혜로운 사람'이라는 뜻.

오스트랄로피테쿠스
약 300만~150만 년 전. 뇌 용량 450cc(오늘날 인류의 1/3). '남쪽의 유인원'이라는 뜻이나, 연구 결과 유인원이 아니라 초기 인류임이 밝혀짐.

오스트랄로피테쿠스

초원에서 풀이나 열매 등을 먹고 살았으며, 직립 보행(두 발로 똑바로 서서 걷는 것)을 했다. 나무에 매달리기 편했던 손이 점차 물건이나 도구를 쥐기 편한 손으로, 서서 균형을 잡기 쉽게 바뀌어 나갔다. 나무타기에 유리한 커다란 엄지발가락이 사라지고, 골반뼈가 넓어졌다. 걸을 때의 충격을 흡수할 수 있도록 발바닥이 점차 둥글게 패이고 척추도 S자 모양으로 변했다.

호모 에렉투스

불을 다룰 줄 알았고, 최초로 주먹도끼를 만들어 썼다. 덕분에 추운 빙하기와 따뜻한 간빙기를 오가는 급격한 기후 변화로 동식물이 끊임없이 이동하던 시기에 최초로 아프리카 밖으로 나가서도 생존할 수 있었다. 인류는 도구와 불을 사용함으로써 환경을 자신에게 맞게 바꿀 수 있었다.

네안데르탈인

추운 유럽에서 살았으며, 동굴에서 화덕에 불을 피우고 음식을 익혀 먹었다. 또 불을 이용하여 매우 발달된 도구를 만들었고, 언어를 사용했다. 호모 사피엔스가 나타나면서 멸종되었으나, 그 DNA가 현생 인류에게 일부 남아 있다.

호모 사피엔스

집단 사냥을 잘하고, 동굴 벽화를 그리는 등 예술 활동을 했다. 뼈바늘로 옷을 만들어 입으며 시베리아와 알래스카 등 추운 기후에서도 생존할 수 있었다. 아프리카를 벗어나 아시아, 오스트레일리아, 시베리아, 베링 육교(지금의 베링 해. 빙하기에는 얼음으로 뒤덮여 있어 걸어서 지나갈 수 있었다)를 통해 아메리카 대륙까지 퍼져 나갔다. 사피엔스가 등장하여 세계로 확산되면서 인류의 다른 종들은 모두 멸종하고 사피엔스만 살아남았다. 오늘날의 인류는 모두 이들의 후예다.

* 크로마뇽인 : 남프랑스의 크로마뇽 동굴에서 처음 발견되어 '크로마뇽인'이라고 불리는 호모 사피엔스. 키가 크고 힘이 세며 뇌 용량이 현대인과 거의 비슷했다. 이들은 동굴 벽에 많은 동물 그림을 남겼는데, '라스코 동굴 벽화'도 그중 하나이다.

한반도에는 언제부터 사람이 살았을까?

1929년 중국 북경원인의 머리뼈가 발견되어 동북아시아에도 구석기 시대에 인류가 살았음이 밝혀졌지만, 한반도에도 구석기인이 살았는지는 확실치 않았다. 1964년 공주 석장리 유적이 발견되면서 한반도에도 구석기 시대에 사람이 살았음이 밝혀졌다.

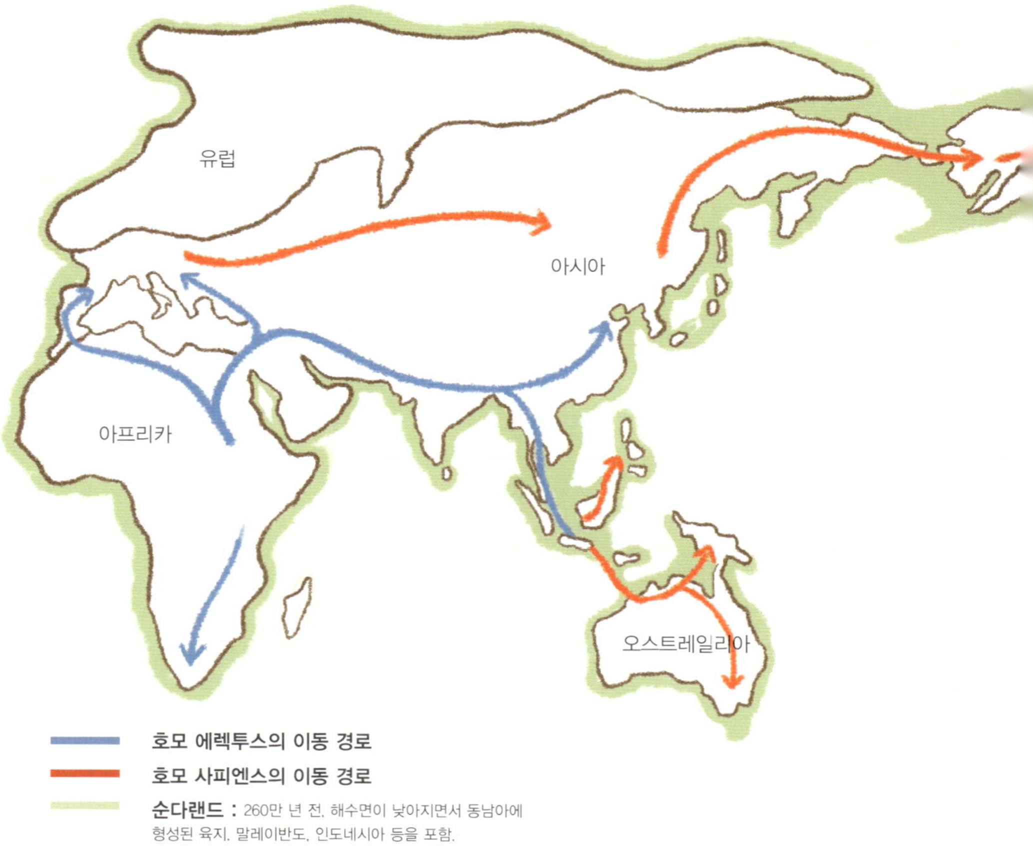
유럽
아시아
아프리카
오스트레일리아
호모 에렉투스의 이동 경로
호모 사피엔스의 이동 경로
순다랜드 : 260만 년 전, 해수면이 낮아지면서 동남아에 형성된 육지. 말레이반도, 인도네시아 등을 포함.

어떻게 한반도에 왔을까?

구석기 시대의 빙하기에는 바다가 지금보다 훨씬 낮아서 중국, 한반도, 일본 등이 모두 육지로 연결되어 있었다.

인류는 아프리카를 떠나 아라비아와 중앙아시아, 몽골을 거쳐 한반도와 일본으로 퍼져 나간 것으로 보인다. 또 인도 중남부와 인도차이나반도 남쪽 해안을 따라 한반도 남쪽으로도 이동했을 것으로 보기도 한다. 한반도 지형이 오늘날과 비슷한 모습이 된 것은 약 1만 년 전 간빙기 때 얼음이 녹아 바다의 높이가 높아지면서였다.

오늘날 한반도의 조상은 아프리카를 떠나 7만 5천 년 전 몽골에 도착했던 이들(호모 사피엔스)이 만주를 거쳐 한반도에 정착하고, 일부는 일본으로 퍼져 나간 것으로 보인다.

북아메리카

남아메리카

한반도의 기후

한반도에서 발견되는 구석기 시대 동물의 화석(원숭이, 코끼리, 코뿔이, 하이에나, 소, 말 등)으로 보아 당시의 한반도는 지금보다 훨씬 덥고 숲이 울창하여 열매나 풀뿌리가 매우 풍부했을 것으로 보인다.

화석의 동물들이 대부분 덥고 습기가 많은 삼림 지대에 사는 것들이기 때문이다.

우리나라 구석기 유적

구석기 유적들은 대개 강을 따라 발견되었는데, 생명을 유지하는 데 물이 꼭 필요할 뿐 아니라, 동물들이 물을 먹기 위해 강가로 모여들기 때문에 사냥을 하기에 유리했기 때문이다. 우리나라 구석기 유적 가운데 가장 오래된 것은 검은모루동굴로, 고고학자들은 많게는 약 100만 년 전의 것으로 추측한다.

상원 검은모루 유적

평양시 상원강 부근에 있는 동굴유적. 한반도의 구석기 시대 유적 가운데 가장 오래된 곳이다. 동굴 바닥에서 습지에 사는 들쥐류와 온대 지역의 따뜻한 곳이나 아열대 지방에 사는 원숭이, 코끼리, 큰쌍코뿔소, 물소 등의 뼈가 발견되었다. 베이징 원인이 발견된 곳에서 출토된 동물화석과 비슷한 화석도 발견되었다. 전기 구석기 시대의 기후와 서식 동물, 석기 제작법 등을 알 수 있다.

연천 전곡리 유적

경기도 연천군 한탄강 유역의 낮은 산에 있는 한데유적. 동아시아 최초로 아슐리안 주먹도끼가 발견되어 세계적으로 주목받는 구석기 유적지. 이 유적지가 발굴되기 전까지 아시아에서는 긁개 등 단순한 석기를 썼고 유럽과 아프리카 등지에서만 아슐리안 주먹도끼를 썼다고 알려져, 아시아인이 유럽보다 유전적으로 뒤쳐졌다고 여겨졌다.

* 주먹도끼 만들기 : 단단한 돌(망치)로 전체를 고르게 다듬은 뒤, 나무나 뼈처럼 무른 망치로 날을 세밀하게 다듬는다.

* 아슐리안 주먹도끼 : 프랑스의 생 아슐(St Acheul)에서 처음으로 주먹도끼가 많이 출토되어, 그 지방 이름을 따서 아슐리안 주먹도끼라고 부른다. 보통 석기들이 찍개나 긁개 등 하나의 용도로만 쓰이는 것과 달리, 이 주먹도끼는 찍개, 찌르개, 긁개가 한데 모여 있어 여러 용도로 쓰였다. 만능석기, 석기 시대의 '맥가이버 칼'로 불린다.

단양 금굴 유적

충청북도 단양군 남한강 유역의 동굴유적. 가장 오래된 구석기 유적지 가운데 하나이다. 약 70만 년 전의 구석기 시대 유적층 위로 신석기 시대(빗살무늬토기, 물고기 무늬를 새긴 조가비 등), 청동기 시대(민무늬토기 등) 등 선사 시대 유적층이 차례대로 나타나는 보기 드문 유적층이다. 구석기 시대 층에서 찍개·긁개 등 뗀석기와 팔매돌, 옛큰꽃사슴·쌍코뿔소·불곰·말 등 짐승 뼈 화석이 많이 출토되었다.

공주 석장리 유적

충청남도 공주시 금강 부근의 물가에 있는 유적지. 1964년 남한에서 처음으로 뗀석기가 발견되어, 한반도에도 구석기 시대에 사람이 살았음이 밝혀졌다. 구석기 시대부터 청동기에 이르기까지 오랜 기간에 걸쳐 살았던 곳으로 보인다. 강가에서 움집을 짓고 화덕에 불을 피우며 살았고, 바닥을 파서 고래 모습을 그린 흔적, 돌을 손질하여 물고기와 거북 등을 새긴 장식물이 출토되었다.

청원 두루봉동굴 유적

충북 청주시 두루봉에 있는 구석기 시대 석회암 동굴유적. 구석기 시대를 비롯하여 다양한 시기에 사람이 살았다. 넓은 지역에 걸쳐 있어 많은 곳에서 유물이 출토되었다. 동굴을 아름답게 꾸미려고 했던 것으로 보이는 진달래꽃가루(제2굴 입구), 사슴뿔을 갈아서 만든 치레걸이(새굴), 완전한 사람뼈(흥수굴) 등이 발굴되었다.

* 흥수아이 : 흥수굴(이 굴을 제보한 사람의 이름을 따서 '흥수굴'이라고 부른다.)에서 2구의 어린아이 뼈(흥수아이 1호, 2호)가 발굴되었다. 5살 정도로 추정되는 흥수아이(1호)는 약 4만 년 전에 살았던 사람으로, 현생 인류(호모 사피엔스 사피엔스)의 특징을 갖고 있다. 두루봉동굴은 석회암으로 이루어져 있어 석회암의 알칼리성 탄산칼륨이 산화를 막아 주어 인골이 그대로 유지될 수 있었다.

충북 청주시 두루봉동굴에서 발견된 어린아이 유골

흥수아이의 뼈 모양을 참고로 하여 살아 있을 때의 모습을 청동으로 복원한 모습

석기 시대 사람들은 어떻게 살았을까?

　인류의 역사에서 돌로 만든 도구인 석기를 주로 사용하던 시대를 석기 시대라고 한다. 처음에는 날카롭고 뾰족한 돌, 나뭇가지 등을 주워 사용하다가, 차츰 직접 만들어 쓰기 시작했다. 돌로 돌을 때려서 깨뜨리거나 떼어 내어 만들었는데, 이렇게 만든 석기를 뗀석기라고 한다. 뗀석기를 주로 사용하던 때를 구석기 시대라고 한다. 약 250만 년 전부터 1만 년 전까지 구석기 시대의 사람들은 사냥을 하고 물고기를 잡아먹었으며 식물의 열매나 뿌리 등도 먹었다.

뗀석기

 찍개 : 나무를 자르거나 사냥할 때 사용. 한 면, 또는 두 면을 떼어 내어 날카롭게 만들어 날처럼 사용했다. 구석기 시대 전기의 대표적 도구.

 **찌르개** : 사냥 때 짐승을 찌르는 데 사용. 세모꼴로 끝을 뾰족하게 만들고 옆면을 날처럼 날카롭게 다듬었다.

 **긁개** : 동물의 가죽을 벗기거나 나무를 다루는 데 사용. 석기를 만들 때 떼어 낸 부분의 긴 변을 날처럼 날카롭게 다듬었다.

 **주먹도끼** : 찢기, 자르기, 찍기, 긁기, 땅 파기 등 여러 가지 쓰임새를 지닌 매우 발달된 석기.

그러다 먹을 것이 부족해지면 다른 지역으로 옮겨 가서 살았다. 주로 동굴에서 살았고, 불을 이용할 줄 알았다.

  1만 년 전 빙하기가 끝나고 날씨가 따뜻해지면서 다양한 성질의 돌이 나타났는데, 그 가운데 무른 돌을 갈고 다듬어 원하는 모양을 만들었다. 이렇게 돌을 갈아서 만든 도구를 간석기라고 하며, 간석기를 주로 사용하던 시대를 신석기 시대라고 한다. 약 1만 년 전부터 3500년 전의 신석기 시대에는 농사를 짓기 시작했다. 사람들은 움집을 짓고 한 곳에 머물러 살면서 조, 피 같은 곡식을 키웠고 가축도 길렀다. 또 진흙을 빚어서 불에 구워 토기를 만들어서 사용했다.

간석기와 토기

돌도끼 : 돌을 날카롭게 갈아서 날을 만들어 사용. 나무를 찍거나 자르고, 사냥이나 전쟁 때 공격 무기로 쓰였다.

돌화살촉 : 끝을 갈아서 표적에 잘 꽂히게 만들었다. 사냥이나 전쟁 때 쓰였다.

갈돌, 갈판 : 농사 도구. 곡식의 껍질을 벗기거나 가루로 만드는 데 쓰였다.

빗살무늬 토기 : 진흙으로 빚어서 열에 구워 만든 토기. 주로 곡식을 저장하는 데 쓰였다.

사진 자료 제공
117p 흥수아이 충북대학교 박물관

마법의 두루마리 1
석기 시대로 떨어진 아이들

© 강무홍, 이정강, 2023

1판 2쇄 펴낸날 2024년 6월 28일
글 강무홍 **그림** 이정강 **감수** 배기동
편집 이은영 **디자인** 박정아
펴낸이 강무홍 **펴낸곳** 햇살과나무꾼
등록 2009년 07월 08일(제313-2004-54)
주소 서울시 영등포구 당산로54길 11 상가 305호
전화 02-324-9704
전자우편 namukun@namukun.com
ISBN 979-11-976957-2-8(73810)

* 신저작권법에 따라 한국 내에서 보호를 받는 저작물이므로 무단 전재와 무단 복제를 금합니다.